AF315063

DE LA SOUVERAINETÉ
DU PEUPLE.

IMPRIMERIE DE FIRMIN DIDOT FRÈRES,
RUE JACOB, N° 24.

LA SOUVERAINETÉ

DU PEUPLE,

PAR LE BARON MASSIAS,

ANCIEN CHARGÉ D'AFFAIRES DE FRANCE PRÈS LA COUR DE BADE,
RÉSIDENT CONSUL-GÉNÉRAL A DANTZIG.

« Les controverses touchant les droits du peuple
« naissent de ce qu'on a continué d'attribuer à une
« multitude rompue, ce qui appartient seulement à
« un peuple réuni en un corps de république ou
« souveraineté. » HOBBES, *Du Citoyen.*

*Itaque nullá aliá in civitate, nisi in quá populi
potestas summa est, ullum domicilium libertas habet :
quá quidem certè nihil potest esse dulcius; et quæ si
æqua non est, ne libertas quidem est.*
CICER. *De Repub.* lib. I.

«Où le peuple n'est pas souverain, il n'y a point de
liberté, le plus doux des biens, et qui n'est plus
liberté si elle n'est fondée sur l'égalité. »

PRIX : 5 FRANCS.

PARIS.

CHEZ FIRMIN DIDOT FRÈRES, LIBRAIRES,

RUE JACOB, N° 24;

ET CHEZ DENTU, LIBRAIRE,

AU PALAIS-ROYAL.

1833.

AVERTISSEMENT.

Ceci n'est pas un livre de parti : nous y sommes remonté avec courage et bonne foi à l'origine des questions politiques les plus importantes, et nous avons fait tous nos efforts pour les résoudre de la manière la plus conforme à la vérité, ne nous laissant aller à aucune influence qui ne vînt de notre conscience et de notre raison. Si, une fois ou l'autre, nous avons laissé pencher la balance de quelque côté, c'est que notre main a été moins sûre que notre volonté. De quelque manière que le lecteur juge notre travail, il ne pourra, j'espère, s'empêcher d'avouer que nos doctrines n'ont qu'une tendance, celle du bien général, la liberté des citoyens et l'autorité des souverains sagement limitée pour leur propre intérêt. *Et quoniam maximè rapimur ad spes augendas generis humani, studemusque nostris consiliis et laboribus, tutiorem et opulentiorem vitam hominum reddere, et ad hanc voluptatem ipsius naturæ stimulis incitamur ; teneamus eum cursum qui semper fuit optimi cujusque.* « Aussi, puisque « notre passion la plus vive est d'accroître « l'héritage du genre humain, puisque nos « pensées et nos efforts aspirent à rendre « l'existence humaine plus forte et plus assu-« rée, puisque nous sommes excités à cette « heureuse tâche par le cri même de la nature, « suivons dans ce but la route qui fut toujours « celle des hommes de bien. » Cette traduction est de M. Villemain ; il a rendu *optimi cujusque* par « les plus grands hommes » ; nous avons eu un autre motif que la lettre du texte pour tra-duire différemment.

Dachstein, département du Bas-Rhin,

le 15 septembre, 1832.

TABLE

DES CHAPITRES.

CHAPITRE VIII.

ERRATA.

Page 33. — Au lieu de *œque*, lisez : *ea quæ*.
Page 35. — Au lieu de *suppose*, lisez : *oppose,*
Page 126. — Au lieu de *considérez*. lisez : *considérer.*
Page 131. — Au lieu de *normale*, lisez : *morale.*
Page 150. — Au lieu de *ces idées*, lisez : *les idées.*

FIN DE LA TABLE DES CHAPITRES.

DE LA SOUVERAINETÉ DU PEUPLE.

~~~~~~

CHAPITRE PREMIER.

Analyse des idées renfermées dans la notion SOU-VERAINETÉ DU PEUPLE; *organisation primitive et nécessaire des éléments sociaux.*

OU, ET EN QUI RÉSIDENT LE DROIT ET LE POUVOIR DE COMMANDER A SES SEMBLABLES ET A SES ÉGAUX? A QUELLES CONDITIONS ET A QUELLE FIN S'EXERCE CE DROIT? Tel est le problème, le plus obscur et le plus fondamental peut-être de la science sociale, que nous nous proposons de résoudre dans cet ouvrage.

Comme le premier procédé pour s'entendre sur les choses est de s'entendre sur les mots, disons d'abord la signification précise des mots *souveraineté* et *peuple.* Ce dernier s'entend assez communément des masses, de la multitude, de ce qu'on appelait autrefois populace; mais il ne s'agit ici que du peuple politiquement considéré, constitué en corps de nation, et ayant ses magistrats. C'est peut-être le cas de faire remarquer comment la signification des
~~~~~~

mots s'étend avec les faits et le développement des idées. Dans l'origine, le mot *peuple* ne s'appliquait qu'à la lie de la société, à des serfs et à des esclaves; ensuite à des bourgeois, qui avaient acheté quelques priviléges ; plus tard, à une multitude qui jouissait des droits civils et qui n'aspirait pas même aux droits politiques; enfin, à l'universalité des citoyens en pleine possession de tous les droits de la cité. « Pour le peuple, certainement, je désire « autant sa liberté et sa franchise que qui que ce « soit, mais il faut que je vous dise qu'elle consiste « à être conservée par les lois, par lesquelles ils « soient assurés de leur vie et de leurs biens : ce « n'est pas qu'il faille qu'ils aient part au gouver- « nement, Messieurs, cela ne leur appartient pas. » Voilà ce qu'en 1649 disait sur l'échafaud l'infortuné Charles Ier. Aujourd'hui, personne ne conteste au peuple anglais sa part au gouvernement.

Qui dit SOUVERAINETÉ, dit le maximum de la force physique et morale d'une nation.

Qui dit PEUPLE, dit réunion d'hommes organisés en société ; car une multitude fortuitement réunie, une horde ou l'assemblage momentané de plusieurs hordes ne sont point un peuple, elles ne sont qu'une agrégation sans ciment d'éléments sociaux incohérents (1).

---

(1) « Que des hommes épars soient successivement asservis « à un seul, en quelque nombre qu'ils puissent être, je ne vois

Cette agrégation ne devient peuple que lorsque, obéissant aux besoins produits par la constitution physique et morale des individus qui la composent, elle introduit artificiellement dans l'ordre social ce qui déja était dans la nature. Or, dans cette agrégation, les uns étaient primitivement habiles et forts, les autres faibles et inhabiles. Se divisant donc, pour des fonctions diverses, conformément à leurs aptitudes naturelles, le grand nombre se range derrière ses supérieurs qui se donnent un chef. Ainsi les membres se réunissent en corps, ainsi la multitude devient *peuple*, lequel n'est qu'une famille de familles où se trouve originairement en accord et en opposition le triple intérêt du père, de la mère et des enfants.

Cette triple division sociale est aussi naturelle et aussi nécessaire qu'il est nécessaire et naturel à un arbre de se diviser en tronc, en branches et en feuillage. On observe quelque chose d'analogue chez les animaux, volatiles, quadrupèdes, poissons, que l'instinct social réunit en troupes, et qui ont

------

« là qu'un maître et des esclaves, je n'y vois pas un peuple et « son chef : c'est, si l'on veut, une agrégation, mais non pas « une association ; il n'y a là ni bien public, ni corps politique. « Cet homme eût-il asservi la moitié du monde, n'est toujours « qu'un particulier. » *Contrat social*, liv. I, chap. v. *Mihi populus non est, nisi qui consensu juris continetur.* CICÉR. *De Republica*, lib. III. « Il n'est pour moi de peuple que celui qui consent d'obéir à la loi. »

leur roi et leurs magistrats subalternes chargés de veiller à ce que mal n'arrive à la république.

Considérez la société sans peuple, vous n'avez que des membres sans corps; considérez-la sans ses notabilités, vous n'avez qu'un corps sans organes vitaux; considérez-la sans chef, c'est un corps sans tête, une Pologne, une Italie sans direction dans leurs mouvements convulsifs.

Cette séparation des éléments sociaux en trois sections correspond à trois besoins primitifs de la nature humaine : besoin d'exister, besoin de se distinguer, besoin de primer si l'occasion se présente. Le premier correspond au peuple, sans lequel il n'y a point de corps social ; le second à l'aristocratie, tous les hommes tendant à s'élever ; le troisième au magistrat suprême, chacun aspirant au premier rang (1). Celui qui nie l'intervention d'un seul de ces trois principes dans les associations humaines, ne connaît ni l'homme, ni la société. Chacun de ces éléments, lorsqu'il a absorbé les deux autres par la prépondérance que lui ont donnée certaines circonstances, ne les en renferme pas moins implicitement, et forme à lui seul un gouvernement

---

(1) « Les enfants qui vivent ensemble disputent souvent à qui « sera le maître et aura une autorité absolue sur tous les autres. » Locke, *Éducation des enfants*, section cxi. Les animaux eux-mêmes ne sont pas insensibles au plaisir de dominer.

Quis pecori imperitet, quem tota armenta sequantur? Virg.

incomplet, démocratique, aristocratique ou monarchique.

Quelle que soit la forme du gouvernement, vous
trouverez invariablement chez tous les citoyens l'a-
mour de la supériorité et le sentiment de l'égalité.
Ces deux principes démocratique et monarchique,
qui semblent ne pouvoir se concilier, sont pourtant inséparables et indestructibles dans le cœur
humain. Ils donnent naissance à toute hiérarchie
sociale, en maintenant l'égalité devant la loi au sein
des inégalités politiques (1), et avec le principe aristocratique qui en dérive, et qui n'en est que le
terme moyen, ils produisent le gouvernement représentatif.

Le peuple tend à l'aristocratie; l'aristocratie à la
royauté; la royauté n'a d'autre moyen d'extension
que ses bienfaits, et son retour vers l'aristocratie
et le peuple. Au sein de celui-ci se forme une aristocratie moyenne qui tend vers l'aristocratie supérieure dont les derniers rangs sont peuple. Quelques associations, quelques corporations qui se forment, elles ont leurs plébéiens, leurs aristocrates
et leurs chefs. Les classes les plus infimes de la société, les mendiants même, ont une semblable hiérarchie : tant la diversité des éléments tend à l'u-

---

(1) *L'envie*, qu'on observe même chez les animaux, n'est
qu'un sentiment désordonné de l'égalité; *l'émulation* en est le
sentiment réglé par la justice.

nité dans le corps social! Les inégalités politiques qui semblent blesser cette unité la fortifient en étant accessibles à tous, et en rendant seules possible l'égalité devant la loi (1).

---

(1) « C'est qu'au lieu de détruire l'égalité, le pacte fondamen-
« tal substitue une égalité morale et légitime à ce que la nature
« avait su mettre d'inégalité physique entre les hommes, et que,
« pouvant être inégaux en force ou en génie, ils deviennent
« tous égaux par *convention* et de droit. » *Contrat social*, liv. I,
chap. VIII. Si les hommes n'eussent été égaux en droit antérieurement à toute convention, jamais ils ne le seraient devenus,
car jamais le fort n'aurait consenti à devenir l'égal du faible. La
société, en établissant l'égalité devant la loi, n'a fait que reconnaître ce qui existait déja, l'égalité de la nature humaine : il
n'y a point des hommes de deux sortes, de deux natures différentes. La forme ne change point l'essence. Rousseau qui ici
fait naître l'égalité de droit de la *convention*, la fait ailleurs dériver de la préférence que chacun se donne à soi-même. « Il
« n'y a personne qui ne s'approprie ce mot *chacun*, et qui ne
« songe à lui-même, en votant pour tous. Ce qui prouve que
« l'égalité de droit, et la notion de justice qu'elle produit, dérive
« de la préférence que chacun se donne, et par conséquent de
« la nature de l'homme. » *Contrat social*, liv. II, chap. IV.
L'homme s'aime avant de se comparer ; la préférence qu'il se
donne sur les autres est postérieure à l'amour qu'il a de lui-
même. Dans cet amour est le sentiment d'un *droit égal* que nous
avons de satisfaire les besoins qui nous ont été donnés par
notre nature d'hommes. Cicéron avait très-bien vu que l'inégalité de fait ne s'oppose pas à l'égalité de droit. « S'il ne peut y
avoir égalité dans les fortunes et dans les esprits, au moins doit-
elle être dans les droits des citoyens d'un même pays. » *Si enim
pecunias æquari non placet; si ingenia omnium paria esse non*

Les analyses qui précèdent nous permettent maintenant de donner la définition de peuple.

Peuple : ASSOCIATION D'HOMMES RÉUNIS PAR LEURS AFFINITÉS ET POUR LEUR BIEN-ÊTRE COMMUN, LEQUEL NE PEUT AVOIR LIEU QUE PAR LA JUSTICE QUI LEUR ASSURE A TOUS LES MÊMES DROITS ET LEUR DONNE LES MÊMES DEVOIRS ; DE SORTE QU'UN PEUPLE INJUSTE CESSE D'ÊTRE PEUPLE ET N'EST PLUS QU'UNE AGRÉGATION D'INDIVIDUS AYANT CHACUN SON INTÉRÊT PRIVÉ.

Dans le peuple, une fois constitué en corps politique, composé de la multitude, des grands et du chef, où trouverons-nous LA SOUVERAINETÉ, QUI EST LE POUVOIR PHYSIQUE ET MORAL DE TOUS?

Si la souveraineté était purement force brute, on la trouverait dans la multitude.

Si la souveraineté était purement force morale, il faudrait la chercher chez les grands et chez les chefs distingués par la science et par l'habileté.

La souveraineté n'étant donc particulièrement ni dans la multitude, ni chez les grands, où dirons-nous qu'elle réside? Elle est, théoriquement parlant, dans tous les éléments de la société, dans la multitude, les grands et les chefs, car une force quelconque ne peut exister hors de ce qui la produit et qu'elle gouverne. Mais des éléments ne pou-

---

possunt ; jura certe paria debent esse eorum inter se , qui sunt cives in eadem republica. De Repub., lib. I.

vant agir isolément pour une fin commune, nous dirons que :

La souveraineté réside dans le peuple agissant régulièrement par ses pouvoirs constitués.

Nous disons *agissant;* car la souveraineté est un fait qui ne se manifeste que par l'action. Observons que dans la nature des choses et dans les théories rigoureuses, il y a de l'abstrait et de l'absolu, lequel ne peut passer dans la réalité des choses humaines toutes relatives; ainsi, dans la rigueur métaphysique, le peuple est bien certainement souverain, puisqu'il est le tout social; mais s'agit-il d'appliquer ce principe, on ne peut dire que *l'exercice de la souveraineté appartienne au peuple en masse,* car alors vous feriez gouverner la société par une abstraction, ou il y aurait des gouvernants sans sujets, ou des sujets sans gouvernants.

Nous disons *régulièrement;* car, sans cette condition, les trois pouvoirs perdent leur force morale, et avec elle la meilleure partie de leurs droits et de leur souveraineté.

Nous disons *par ses pouvoirs constitués;* car, autrement, son action serait désordonnée et privée d'ensemble et d'un but commun.

Appliquons ces données: le peuple se constituant, se manifeste à lui-même dans son organisation ternaire, et coordonne pour l'action sociale toutes les classes des citoyens.

La seconde manifestation du peuple constitué

est la reproduction de son type dans toutes ses fractions, dans la municipalité, les cantons, les arrondissements, les départements. Quel que soit le pays où la société commence, quelque forme et quelque nom qu'on donne aux magistratures subalternes, vous trouverez toujours l'équivalent du maire, de son conseil et des habitants; du préfet, des assesseurs et des administrés. Lorsque leur triple action est normale et parfaitement pondérée, il y a bien-être dans la commune, le canton, l'arrondissement et le département.

Lorsqu'un des trois pouvoirs administratifs s'est substitué à l'action de l'un ou des deux autres, il y a dérangement, malaise et mécontentement partiels, jusqu'au moment où la souffrance actuelle excède la crainte du mal que peut causer la résistance. Alors il y a plaintes, réclamations, tumulte, menaces d'en venir aux dernières extrémités, et voies de fait.

Lorsque, dans l'état, un des trois pouvoirs politiques tend à envahir l'action de l'un ou des deux autres, ceux-ci résistent, il y a lutte sourde ou éclatante.

Si le pouvoir envahisseur en veut aux institutions fondamentales, et qu'il sape dans ses bases l'ordre social, alors le soulèvement est général, et, si les opprimés sont vainqueurs, ils renversent tout ce qui a facilité les moyens d'attaque de l'agresseur, ils se débarrassent de l'agresseur lui-même ; il y a *révolution.*

Si le pouvoir envahisseur n'en veut pas à la constitution de l'état, et qu'il n'ait pour but que d'augmenter son autorité et d'étendre ses priviléges, et si les autres pouvoirs résistent avec succès, ils se contentent de lui ôter les moyens d'abuser de nouveau, en augmentant leurs propres moyens d'attaque et de résistance, sans songer au renversement de la constitution dont l'ensemble suffit à tous les besoins ; il y a *réforme,* et la constitution renaît purgée de ses défectuosités.

Dans l'un et l'autre cas, qu'il y ait révolution ou réforme, la résistance est juste, la victoire est *légitime,* puisqu'elle remet la SOUVERAINETÉ (force et raison) là où Dieu l'avait placée. Nous reviendrons sur ce sujet à la fin de notre chapitre XI ; terminons celui-ci en disant que des trois ou quatre cents constitutions sur lesquelles s'est essayé l'esprit humain, il n'en est pas une seule qui n'ait eu pour fin, ou de coordonner avec équité les intérêts qui naissent des trois positions sociales primitives, ou l'usurpation de quelqu'un de ces trois intérêts au profit d'un ou deux de ces pouvoirs. Aucune révolution, de quelque forme qu'elle se soit revêtue, n'a jamais eu d'autre motif, aucune n'en aura jamais d'autre. Là est le principe des oscillations politiques sans lesquelles s'éteindraient le mouvement

et la vie du corps social, et qui trouvent dans la
monarchie représentative leur point le plus voisin
de l'équilibre et leurs moyens les plus sûrs de
PROGRÈS.

Ainsi, les droits du peuple, les droits des notabilités, les droits du roi, sont les trois intérêts dont
l'union forme la fédération sociale. De là découlent
le bonheur privé et le bonheur public, ce qui a
fait dire à Cicéron : « Rien de ce qui se fait sur la
« terre n'est aussi agréable au maître suprême de
« l'univers que les associations d'hommes réunis
« dans les cités sous l'empire de la justice. » *Nihil
est enim illi principi deo, qui omnem hunc mun-
dum regit, quod quidem in terris fiat, acceptius,
quam concilia cœtusque hominum jure sociati, quæ
civitates appellantur.* Cic. *De Rep.*, lib. VI.

CHAPITRE II.

TABLEAU *des éléments du souverain en France.*

CLASSES.	POPULATION.		REVENU par tête et par an.	REVENU par tête et par jour.
			fr. c.	fr. c.
1......		152,000.	4,000 »	10 96
2......		150,000.	2,500 »	6 85
3......	ARISTOCRATIE.	150,000.	1,600 »	2 74
4......		400,000.	600 »	1 64
5......		400,000.	400 »	1 10
6......		1,000,000.	350 »	0 96
7......	OPPOSITION.	2,000,000.	300 »	0 82
8......		2,000,000.	250 »	0 69
9......		3,000,000.	200 »	0 55
10......		7,500,000.	150 »	0 41
11......	DÉMOCRATIE.	7,500,000.	120 »	0 33
12......		7,500,000.	91 84	0 25

N. B. Dans ce tableau toute la population de France est rangée en douze classes, et l'on y donne à chaque individu la moyenne du revenu, par an et par jour, de la classe dont il fait partie.

Æquabilitas iniquissima. CICER. De Rep., lib. I.
Égalité absolue, souveraine injustice.

Nous avons partagé ce tableau en trois sections :
La première, d'un million deux cent cinquante-

deux mille Français ayant à dépenser d'un franc cinquante centimes à onze francs par jour;

La seconde, de cinq millions de Français jouissant de quatorze à dix-neuf sous par jour;

La troisième, de vingt-cinq millions cinq cent mille Français ayant de cinq à onze sous par jour.

Grace à ces chiffres, voilà le monstre hors de sa caverne, et nous pouvons contempler au grand jour, dans sa hideuse nudité, cette aristocratie de douze cent cinquante mille citoyens ayant à dépenser chacun environ cinq francs par jour! Ces chiffres nous expliquent la cause de tant d'envies, les hauts cris de l'opposition, et son influence sur une population de vingt-cinq millions d'hommes dont chacun ne dispose que de cinq à onze sous par jour.

Un premier coup d'œil jeté sur ces trois coupures de la société française montre la possibilité d'en faire d'autres tout aussi bien fondées en raison; car il y a plus loin de l'homme à un franc cinquante centimes à l'homme de onze francs par jour de la première classe, que de celui de cinq sous à celui de onze de la troisième; et l'homme aux quatorze sous de la seconde a à demander raison des dix-neuf sous dont jouit son confrère de la même section. En un mot, s'il y a une sorte d'ilotes dans la première catégorie, la troisième renferme aussi ses aristocrates.

Ou il faut garder en tout ou en partie le *statu*

quo, épouvantail de nos modernes publicistes, ou faire justice entière, et que chacun de nous devienne l'*homme aux quarante écus* de Voltaire. Les chiffres ont proclamé (et quelle éloquence égale celle des chiffres ?) que :

CHAQUE FRANÇAIS N'A DROIT EN JUSTICE RADICALE QU'A ENVIRON HUIT SOUS PAR JOUR.

Par cette opération, éminemment républicaine, loin de rendre chacun également riche, vous avez rendu chacun également pauvre, vous l'avez forcé d'être son propre pourvoyeur, son maçon, son tisserand, son tailleur : autant aurait valu le renvoyer dans les forêts.

Par une singulière bizarrerie, en opérant à l'inverse et en faisant chacun propriétaire de onze francs par jour, vous rendriez un service peut-être plus funeste à la société. Chacun étant également riche et forcé de travailler pour soi, chercherait à faire des esclaves au risque de le devenir, ou mendierait à l'étranger des serviteurs qui l'appauvriraient en le tenant dans la dépendance.

Du reste, l'écu de cinq francs quotidien du privilégié ne profite pas uniquement à ce dernier. Une partie en revient au boulanger et au marchand de vin, et par eux est transmise au laboureur et au vigneron ; une autre partie va chez le boucher, qui partage avec le marchand de bestiaux et le fermier ; une troisième passe au tailleur, et de celui-ci au marchand de draps, au filateur et au tisserand. Enfin, la pièce aristocratique se subdivise pour aller de tous côtés chercher les travailleurs et leur distribuer le salaire quotidien. Concluons :

L'ÉGALITÉ DES FORTUNES EST ÉGALITÉ DE MISÈRE ; LEUR INÉGALITÉ NÉCESSITE LE TRAVAIL, SEUL PRODUCTEUR DE LA RICHESSE, DONT UNE GRANDE PARTIE REVIENT NÉCESSAIREMENT A CEUX QUI LA PRODUISENT.

Tel est l'enseignement *d'économie publique* que nous donne le tableau ci-dessus; il va nous donner un enseignement *politique* non moins important.

L'inégalité des fortunes étant un fait aussi nécessaire que l'inégalité physique et intellectuelle, le riche, le fort, l'habile abuseraient du pauvre, du faible, de l'ignorant, sans l'intervention de la loi, qui rétablit par le *droit* les inégalités de *fait*. La loi est la divinité tutélaire de la société; l'attaquer est athéisme politique. Ceux qui prétendent qu'il est permis d'écrire contre les lois fondamentales de l'état, lorsque surtout elles ont pour principe la souveraineté du peuple, sont aussi peu fondés en raison que ceux qui prétendraient pouvoir, en bonne justice, saper les fondements de la maison qu'ils habitent au préjudice des nombreux copropriétaires.

Les riches, les forts, les habiles étant par la nature des choses les moins nombreux, et chaque catégorie allant d'échelon en échelon jusqu'au plus élevé, la société se partage d'elle-même et de toute nécessité, en multitude, notabilités et chef.

Si, d'un côté, le radicalisme toujours prêt à refaire à neuf la société, place son siége et ses leviers dans les rangs inférieurs, de l'autre, à l'extrémité des rangs supérieurs se trouvent les hommes intéressés à rester comme ils sont, et à s'opposer à tout progrès social. Entre les extrèmes est placée une classe de citoyens ayant un égal intérêt à s'opposer aux débordements de l'anarchie, et à favoriser l'amélioration des institutions et le mouvement progressif du bien-être général.

Le temps des classes nécessiteuses étant occupé par le travail, elles sont moins à portée que les classes riches de développer leurs facultés intellectuelles et de participer à la confection de la loi, ce qui montre le danger du vote universel.

Les émeutes et la discorde étant le plus grand obstacle au travail, la paix publique est la condition de la richesse pour toutes les classes des citoyens.

La presse malintentionnée et les manœuvres de l'étranger, qui soulèvent contre le gouvernement les vingt-cinq millions d'individus le plus enclins aux nouveautés, font non-seulement un calcul de malhonnêtes gens, mais encore un calcul de dupes; car les chefs des écrivains agitateurs ont rang parmi les hommes à cinq francs de la classe privilégiée, et, lorsqu'ils appellent des changements, ils exposent le certain pour l'incertain. Quant aux cabinets étrangers, qui attisent sourdement nos discordes, ils travaillent contre eux-mèmes en excitant les passions sympathiques de leurs peuples.

A l'enseignement financier et politique, fourni par le tableau précité, se joint l'enseignement *moral* que nous allons exposer.

Les hommes ayant été faits inégaux au physique et au moral, ceux qui auraient eu la force, le génie et l'habileté en partage, se seraient toujours refusés à reconnaître pour leurs égaux les faibles et les ignorants, si dans tous les cœurs n'eût été placé le sentiment de la justice qui nous dit qu'étant hommes et n'étant qu'hommes, nous sommes tous égaux en *droit*. Ainsi, l'inégalité de fait a produit le plus sublime des sentiments moraux, l'abnégation de notre force positive et notre libre soumission aux lois de l'équité.

A un principe moral, qui le dirait? se rattache le mobile primitif de la richesse. Le travail n'est véritablement social que lorsqu'il a son origine dans l'estime de soi-même, qui ne veut devoir son bien-être qu'à ses propres efforts, et dans le désir de l'estime d'autrui qui cherche des égaux parmi ses supérieurs. A ce sentiment substituez le sot orgueil et la paresse qui vivent d'aumônes, vous aurez des Espagnols, des lazzaroni, et la misère flétrira les plus belles contrées de la terre.

La pauvreté générale d'un peuple réduit le travail à ce qui est rigoureusement nécessaire à la consommation, et ne perfectionne que les facultés individuelles des travailleurs. La richesse relative compense ce qui lui manque au moyen de son superflu, et, en nécessitant les échanges, elle établit des relations sociales. La richesse absolue, celle à qui, toutes dépenses de première nécessité faites, il reste des capitaux disponibles, produit de nouveaux besoins et de nouvelles industries qu'elle a le pouvoir de solder. Comme elles sortent des procédés ordinaires destinés à satisfaire aux premiers besoins, elles appellent le concours d'un grand nombre de travailleurs et une direction intelligente; elles deviennent science transmissible de génération en génération, et c'est ainsi que la richesse sert aux progrès de la civilisation.

La distribution spontanée de la richesse, qui ne peut rester stagnante sans se détruire, et qui va du capitaliste au producteur, et de celui-ci revient au capitaliste, unit ensemble les parties supérieures, inférieures et moyennes de la société par les liens d'une utilité réciproque et d'une bienveillance commune.

La grande leçon morale donnée par le tableau statistique placé en tête de ce chapitre, est le devoir imposé aux gouvernants d'améliorer le sort des classes pauvres, et de ne point les sacrifier aux classes supérieures; là est leur principale mission. RENDRE LES PEUPLES HEUREUX EST LA FIN DE LA SOCIÉTÉ ; PERFECTIONNER SANS CESSE LA SOCIÉTÉ POUR RENDRE LES PEUPLES PLUS HEUREUX EST LA FIN DU GOUVERNEMENT. Ces deux vérités, nous les adoptons et les proclamons de conscience et dans toute leur plénitude. Mais comme les agitateurs s'en sont servis pour troubler l'ordre social, nous chercherons en quoi consiste le bonheur des citoyens, et de quels progrès sont susceptibles les institutions sociales, afin qu'on sache s'arrêter devant l'impossible, et qu'on ne présente pas à des imaginations altérées le mirage d'une félicité fantasmagorique. Avant de nous occuper de ces deux objets, montrons que, s'il ne faut pas sacrifier les pauvres aux riches, ainsi que nous l'avons dit, il ne faut pas non plus sacrifier les riches aux pauvres, car ce serait les appauvrir encore davantage, et le mal aurait plus de portée qu'on ne le croirait d'abord.

L'envie s'attache principalement, et cela avec quelque apparence de justice, à ceux qui sont les premiers parmi les riches, et dont quelques-uns ont à dépenser, par jour, ce qui suffirait à dix villages pour une année. Cette disproportion est d'autant plus choquante que l'emploi de ces grandes fortunes sert souvent à enrichir des valets et des flatteurs, gens de mauvais exemple, qui consomment sans produire. Nous répondrons que, de quelque manière qu'on ordonne la société, il y aura toujours inégalité dans les fortunes et abus dans leur usage, et qu'une pleine liberté dans la manière de consommer est la condition sans laquelle elles ne peuvent être produites; que d'ailleurs toute consommation est productive, que quelque peu utiles à la société qu'on suppose ceux à qui vont les profusions de l'homme opulent, ils ne vivent et ne dépensent qu'au profit des classes laborieuses. On ne veut, sans doute, pas en revenir à la monnaie de fer, au brouet noir et à la cape des Spartiates; qu'on songe alors qu'en réduisant les grandes fortunes on court risque d'anéantir plusieurs des beaux-arts, la peinture, la sculpture, l'architecture, et l'art surtout, par excellence, de mettre plus de délicatesse dans la vie sans la dépraver, toutes choses qui tiennent par des racines secrètes à la moralité de notre espèce, et d'où dépendent en partie notre développement et celui de la société. Nous allons maintenant chercher quel est le bonheur que le gouvernement doit et peut procurer aux citoyens, et jusqu'à quel point la société est perfectible.

Le bonheur est absolu ou relatif; il est physique, intellectuel ou moral.

Quant au bonheur absolu, au *souverain bien*, la plus grande folie de la sagesse humaine est bien certainement la prétention d'avoir voulu le procurer. Il ne réside qu'en celui de qui viennent les jouissances passagères ou immortelles des créatures sensibles et raisonnables, de l'homme et du vermisseau.

Le bonheur est pour nous dans la plénitude de l'exercice de nos facultés appliquées à leur objet. Mais l'exercice sans défaut et sans excès de ces facultés, et la présence à point nommé, sans défaut et sans excès, des objets de ces facultés, est une chimère presque équivalente à la première. Il en faut prendre bon gré mal gré notre parti, et nous résigner à notre condition d'êtres relatifs, qui sont heureux seulement en proportion de ce que la somme de leurs jouissances dépasse celle de leurs déplaisirs. Nous désirons, et désirerons toujours, parce que toujours il nous manque et nous manquera quelque chose. C'est par ignorance de la nature de l'homme qu'ils n'ont pas même songé à étudier, que, de la hauteur de leur génie, tant de faiseurs d'utopies, saint-simoniens et autres, promettent une félicité et un perfectionnement toujours croissants à des créatures dont les facultés ne sont pas illimitées; ils veulent verser un fleuve dans un vase de médiocre grandeur. A.

Notre manière de considérer le bonheur suppose deux choses : l'une, l'exercice de nos facultés, qui dépend presque entièrement de nous; l'autre, la présence de leurs objets, qui la plupart du temps sont hors de notre portée.

Si le gouvernement ne peut presque rien pour *l'éducation* des facultés d'où dépend leur exercice, et qui sont sous l'empire du libre arbitre de chacun, il peut beaucoup pour leur *instruction*, c'est-à-dire pour procurer les méthodes qui en abrégent et facilitent l'action. Tout ce qu'il peut à cet égard il le doit; améliorer les individus est améliorer la société.

Le gouvernement a encore plus de moyens, et,

par conséquent, un devoir plus impérieux, de rapprocher les objets des facultés, c'est-à-dire de mettre les citoyens à même d'obtenir ce que réclament leurs besoins.

Mais est-il tenu de leur procurer tous les objets auxquels s'adressent leurs vœux ? Non ; son devoir est uniquement de leur fournir les moyens d'avoir le NÉCESSAIRE ; s'ils veulent du superflu, c'est à eux à se le donner par leurs soins.

L'embarras est de préciser au juste ce qu'est le nécessaire. Être nourri, vêtu, logé comme l'ont été nos parents, dans la supposition que leur vie n'a point été flétrie et abrégée par le besoin, est le seul nécessaire que le gouvernement puisse procurer à tous les individus d'une grande nation. Tranquilles sur leur substance et sur celle de leur famille, les plus courageux et les plus habiles redoubleront d'émulation, feront de petites économies journalières, et s'élèveront par degrés, eux ou leurs enfants, au premier rang des classes les plus fortunées. Tel est le principe du *mouvement progressif* qui perfectionne la société en récompensant la bonne conduite et le travail.

Par ce que nous avons dit, on voit que le nécessaire du riche ferait mille fois le superflu du pauvre, mais il est bien plus difficile à acquérir et à conserver ; une sage disposition de la Providence a voulu en outre que le bonheur ne fût pas proportionné à la richesse. Si l'on pouvait mesurer avec précision le degré de contentement des classes qui ont beaucoup de superflu et de celles qui n'ont que leur nécessaire, je doute que la balance penchât en faveur des premières ; on trouverait souvent que le centime du pauvre représente plus de vrais plaisirs que l'écu du riche. Un spectacle digne de l'attention de l'observateur est celui d'une masse de vingt-cinq millions de Français dépensant chacun moins de dix sous par jour (1), et qui trouvent pourtant une foule de jouissances et une sorte de dignité dans l'exploitation de leurs petites propriétés qui sont leur domaine et leur empire. Parcourez tous les pays, nulle part vous ne trouverez tant de gaîté, tant de philosophie, tant d'esprit, tant d'honneur, tant de courage, tant d'égards pour les étrangers, tant de bienveillance, tant d'humanité. Il y a beaucoup, il est vrai, à faire encore pour leur bonheur : jamais peuple ne l'a mieux mérité !

Au degré de civilisation où nous sommes, ce qui sépare le plus les classes supérieures des inférieures,

____

(1) Il m'est toujours resté des doutes sur l'exactitude de l'estimation du revenu des diverses classes de la société. J'ignore si dans celui des classes pauvres on comprend le travail des enfants, filles et garçons, depuis huit jusqu'à douze ans, travail qui soulage les parents et qui d'ailleurs est quelquefois directement productif ; j'ignore si l'on néglige le produit de la basse-cour, du porc, de la chèvre, de la vache et de l'arpent ou demi-arpent de jardin qui, à lui seul, est une fortune pour le petit ménage qui le cultive.

et qui apporte le plus grand obstacle à l'égalité, première condition de la liberté sociale, est la domesticité salariée. Mais nous croyons possible de relever celle-ci à ses propres yeux et aux yeux d'autrui : faites seulement des maîtres honorables qui croient à la dignité de la nature humaine, et le mépris ne s'attachera plus à leurs serviteurs ; vous n'aurez que des patrons et des clients unis par des services mutuels. Ne voit-on pas le garçon de ferme devenir le mari de la fille du fermier ? Le chef d'industrie ne donne-t-il pas la sienne à celui de ses ouvriers qui se recommande par sa conduite et son intelligence ? Dans l'ancien régime même, ne voyait-on pas de vieux domestiques qui méritaient l'estime accordée à leurs longs et fidèles services ?

La nature, pour unir davantage les hommes entre eux, a voulu que leur bonheur dépendît en partie de l'opinion qu'ils ont les uns des autres. Le luxe serait bien peu de chose s'il n'avait des spectateurs et des envieux. Le plaisir de manger, de boire et de dormir appartient au moins autant au pauvre qu'au riche ; mais le bonheur de celui-ci est spécialement dans ses bienfaits, dans les regards et la bénédiction du pauvre.

Le travail social, d'où naissent tous les capitaux et tous les salaires, ne peut prospérer que par la protection du gouvernement ; le gouvernement ne peut exister qu'au moyen de l'impôt : imposer le nécessaire est non-seulement cruauté, mais encore contre-sens, car pour peu qu'on en retranche, il n'est plus le nécessaire.

Vous voyez combien il est essentiel de ne point trop hausser le cens électoral pour qu'il soit accessible à l'industrie courageuse et qu'aucune émulation ne soit étouffée; vous voyez combien il est nécessaire de ne pas trop l'abaisser, de crainte que s'il vient à ceux que la gène de leur fortune rend ennemis des institutions qui maintiennent toutes les positions existantes, la société ne soit bouleversée ou dans des agitations continuelles. La justice dans la fixation du cens électoral consistera à concilier les droits du grand nombre avec la sécurité de tous.

Une fois qu'une nation de plus de trente millions d'ames a conquis sa souveraineté, ce n'est pas tant la force populaire qu'il faut chercher à augmenter, que celle des lois et des pouvoirs de l'état. Il est impossible de remettre sous le joug cette nation qui s'est montrée assez forte pour vaincre les armées, les prestiges et les intrigues de l'ancienne royauté, et assez sage pour ne pas abuser de la victoire. Mais rien ne présente autant d'attraits aux vainqueurs que de pousser la liberté au-delà de ses limites. A peine un sur mille est-il en France pour le despotisme; il n'y a pour elle qu'un seul despotisme possible et à désirer, celui de la loi; qu'une crainte, celle que les agitateurs soulevant une immense population rendue mécontente de son sort, il en résulte l'anarchie, destructive de toute prospérité et mère de l'absolutisme.

Dénué du pouvoir de créer soudainement des richesses matérielles et de rendre chacun opulent, le gouvernement a le moyen assuré de procurer le nécessaire aux travailleurs. Il n'a pour cela qu'à maintenir la tranquillité et la confiance publiques, en faisant observer les lois sans acception de personnes et de partis. Une grande nation comme la nôtre n'a besoin que d'elle-même; le commerce étranger n'est qu'un accessoire à ses ressources; sa production quotidienne, si elle n'est entravée dans son activité, est double de sa consommation. L'argent, mobile du travail salarié, qui ne fait qu'un service par jour dans les moments de trouble, décuple sa circulation lorsque les temps sont pleins de sécurité (1). Le devoir de tout citoyen est d'y contribuer, et de faire opposition à cette opposition inquiète dont la turbulence est le vrai fléau des classes pauvres, qui se met en guerre avec nos institutions, et dont les excès et l'ambition font

----

(1) Le devoir du gouvernement est d'éclairer, d'aider et de protéger l'industrie, le commerce et surtout l'agriculture. Dans un rapport, présenté le 20 février 1832 à l'Institut qui en a adopté les principes, M. Bigot de Morogues prouve : 1° *Que le paupérisme augmente à mesure que la population manufacturière s'accroît aux dépens de la population agricole ; 2° que les crimes et les délits se multiplient partout où le paupérisme s'accroît.*

redouter des peuples, autant que des rois, la liberté dont elle est la plus dangereuse ennemie. *Ut imperium evertant, libertatem præferunt; si perverterint, libertatem ipsam aggredientur.* Pour renverser le gouvernement, ils mettent en avant la liberté ; le gouvernement une fois détruit, ils s'attaqueront à la liberté elle - même (TACITE, *Ann.* XVI, 22).

CHAPITRE III.

A quelles conditions s'exerce la souveraineté du peuple.

Nous avons vu dans le chapitre premier que le pouvoir qui viole la justice renonce à sa part de souveraineté, et, d'un autre côté, que la multitude ayant pour elle la force et la justice, ne peut pour cela être dite souveraine, parce que, pour être souverain, il faut avoir des sujets et posséder les moyens d'agir sur eux régulièrement, ce qui ne peut avoir lieu que par suite de l'organisation du corps social. De la multitude, il est vrai, émane la souveraineté, comme un tout naît de ses éléments, mais seulement après leur coordination.

Après avoir montré la manière dont les besoins et les facultés des individus produisent le corps politique, disons à quelles conditions il exerce les fonctions de souverain.

La force sociale est corporelle et incorporelle; la raison qui, unie à la force matérielle, constitue la souveraineté, a pour fin unique le bien général, de sorte que tout ce qui manque de force corporelle et intellectuelle, et qui n'a point les aptitudes

nécessaires pour contribuer au bien-être, à la conservation et au perfectionnement de la société, ne
saurait faire partie active du souverain. Confier, en
effet, les fonctions politiques à ceux qui n'ont pas
les qualités requises pour les remplir dignement,
serait travailler au renversement de l'ordre social,
serait confier le gouvernail à qui ne connaît ni la
boussole, ni les étoiles, ni les écueils des mers loin-
taines.

Vous voyez déja que les enfants, dont les forces
ne sont pas développées et dont la raison n'est pas
mûrie par l'âge et l'expérience, ne sont point aptes
à faire partie du souverain. Rangerons-nous les
femmes dans la même catégorie, elles qui, à un sens
droit, unissent quelquefois une finesse et une per-
spicacité égales ou supérieures à celles de l'homme?
Quoi qu'on veuille, quoi qu'on fasse, les femmes,
chez les peuples civilisés, participeront à toutes les
prérogatives dont jouissent les hommes. L'embarras sera moins de leur assigner une certaine mesure de droits politiques que de restreindre leur
influence sur la société. Dans l'ordre naturel,
l'homme et la femme ne sont que le même être en
deux individus, de sorte que celle-ci jouit par le
fait des droits que le mari possède. Elle en jouit,
mais sans pouvoir les exercer, car la mission spé-
ciale qui lui a été donnée d'élever ses enfants et
d'avoir soin de la famille, ne lui laisse point de
loisir pour d'autres graves occupations. Il serait aussi

déraisonnable de voir les hommes quitter la direction des affaires publiques pour se livrer exclusivement aux soins de leur ménage, que de voir les
femmes abandonner le soin de leurs enfants pour
celui du gouvernement de l'état, ce que d'ailleurs la
gestation et l'allaitement de leur progéniture rendent
impossible à certaines époques de leur existence.

Conclura-t-on que tous les individus mâles doués
de force corporelle et intellectuelle font de droit
partie du souverain? La conclusion serait trop étendue. Qu'on se rappelle que nous avons dit que la
force physique et morale sociale a pour fin unique
l'utilité générale. L'expérience montre que, dans
toute société, un grand nombre d'individus, loin
de diriger leurs facultés vers le bien public, en tour-
nent l'emploi à son détriment. Si, par leurs occupations et leurs habitudes, ils n'ont donné des
preuves suffisantes de moralité; si, par les fruits
d'un travail personnel ou transmis, ils n'offrent une
sûre garantie de l'intérêt qu'ils portent à la chose
publique et au maintien des institutions, il y aurait
danger à leur en confier la direction. En dépit des
soins et de l'habileté des premiers législateurs de
Rome, qui sentaient la nécessité de ne remettre les
droits politiques qu'entre les mains de ceux qui
possédaient les fortunes les plus considérables, et
de ne les accorder presque que nominalement et
fictivement aux classes inférieures, ils ne purent
toujours prévenir les effets d'une concession essen-

tiellement dangereuse. « Il arriva encore que les
« tribus de la ville, étant plus à portée, se trou-
« vèrent souvent plus fortes dans les comices, et
« vendirent l'état à ceux qui daignaient acheter les
« suffrages de la canaille qui les composait (1). » Il
n'y a que des ambitieux ou de mauvais citoyens qui
puissent préconiser le suffrage universel.

« La vile populace, les misérables accoutumés au
« cirque et au théâtre, les esclaves les plus féroces,
« ceux qui, ayant mangé leurs biens, vivaient de
« la honte de Néron, tous ceux-là furent conster-
« nés de sa mort (2) »..... « La France garde aussi
« quelques quittances des assassins du 2 septembre
« 1792, lesquels déclarent avoir reçu cinq francs
« pour avoir *travaillé pour le peuple*. Sur l'une de
« ces quittances est demeurée la trace des doigts
« sanglants du signataire (3). » C'est à de tels personnages, que produisent et produiront long-temps
les grandes associations d'hommes, que quelques-
uns de nos publicistes proposent de remettre la
nomination des mandataires du peuple (4).

---

(1) *Contrat social*, liv. IV, chap. IV.

(2) *Plebs sordida, et circo et theatris sueta, simul deterrimi
servorum, aut qui, adesis bonis, per dedecus Neronis alebantur,
mœsti.* TACITE, *Hist.*, lib. I.

(3) *Les quatre Stuarts*, par M. de Châteaubriand, ouvrage
dans lequel la politique est considérée du point de vue le plus
élevé.

(4) On met en tutelle les insensés, dit Cicéron, et nous con-

Le cens, l'industrie, les mœurs, la capacité intellectuelle sont donc les conditions indispensables du droit d'élection. Les bornes de ce droit ne peuvent être fixées que par ceux qui ont le plus d'intérêt à la conservation de la société. On aura beau reculer ces bornes, il y aura toujours nécessairement des exclusions et des réclamations auxquelles il faudra se résigner, puisque le repos et le bien-être de l'universalité des citoyens dépendent de cette mesure, thème éternel des tribuns et des agitateurs.

Ce que nous avons dit dans ce chapitre et ce

---

fierions le gouvernement à des furieux ! « Que ce soit la mul-
« titude, que ce soit un seul qui abuse, il n'y a pas moins des-
« potisme. Rien n'est plus terrible que la bête féroce qui usurpe
« la forme et le nom de peuple. » *Est tam tyrannus iste con-
ventus quam si esset unus.... Nihil ista quæ populi speciem et
nomen imitatur, immanius bellua est. De Repub.* lib. **III.** « Si
« le peuple a tué ou chassé son roi juste, et soumis toute la ré-
« publique à la licence de ses caprices, ou, ce qui arrive plus
« souvent, s'il a goûté du sang des grands, sachez qu'il n'est
« pas de mer irritée, d'incendie terrible qu'il ne soit plus facile
« d'apaiser que l'insolence de cette multitude effrénée. » *Si
quando aut regi justo vim attulerit regnove eum spoliarit ; aut
etiam, quod evenit sæpius, optimatum sanguinem gustavit, ac
totam rempublicam substravit libidini suæ ; cave putes autem
aut mare ullum, aut flammam esse tantam, quam non facilius
sit sedare, quam effrenatam insolentia multitudinem. Ibid.,*
lib. **I.** Pourquoi toutes ces citations ? dira-t-on. Les citations
sont la sanction que le génie des temps anciens donne à l'expérience et aux idées des temps modernes.

que nous avons à dire dans le suivant est fondé sur ce fait que, *besoins, droits et facultés s'impliquent et ne peuvent être totalement séparés*. Besoins sans facultés, facultés sans droit à leur objet, droit à un objet sans faculté de le posséder, sont choses qui se contredisent. L'homme inapte à remplir les fonctions politiques n'est pas en droit d'en réclamer l'exercice. Il ne peut y acquérir des droits qu'en se rendant propre à les remplir. L'égalité des citoyens ne consiste pas dans l'égalité de leurs positions sociales, mais dans le droit d'acquérir, de posséder, de conserver ce à quoi leurs facultés peuvent atteindre, et de devenir les égaux de ceux au niveau desquels leur mérite les placera : il suffit que la carrière ne soit fermée à personne, ainsi que nous le dirons plus bas; il n'y a point d'autre égalité possible (1).

----

(1) « A l'égard de l'égalité, il ne faut pas entendre par ce mot « que les degrés de puissance et de richesse soient absolument « les mêmes; mais que, quant à la puissance, elle soit au-dessous « de toute violence. » *Contrat social*, liv. I, chap. II. « La loi « peut statuer qu'il y aura des priviléges.... faire plusieurs « classes de citoyens. » *Ibidem*, chap. IV. « Une égalité rigou- « reuse serait déplacée; elle ne fut pas même observée à Sparte. » *Ibidem*, liv. III, chap. V. Cicéron avait eu les mêmes idées : *Ipsi enim populi, quamvis soluti effrenatique sint, præcipue multis multa tribuunt.... Æque appellatur æquabilitas iniquissima cum par debetur honos summis et infimis.* Cicer. *De Repub.*, lib. I. « Les peuples les plus passionnés pour la liberté

De même que les besoins impliquent les droits, de même les facultés impliquent les devoirs. Qui ne peut remplir certains devoirs ne peut prétendre aux droits correspondants.

---

admettent des distinctions, et l'égalité d'estime et d'honneur accordée aux bons et aux méchants est souveraine injustice. »

CHAPITRE IV.

En quoi les citoyens qui ne jouissent pas des droits politiques participent à la souveraineté.

Les femmes, les enfants, les prolétaires ne payant point le cens déterminé par la loi, participent à la souveraineté dans ses effets les plus avantageux, dans le droit qu'ils ont à ce que le gouvernement n'exerce son action que pour la fin à laquelle il est destiné, l'utilité générale et le bien-être de chaque individu. Ce droit, quoique non appuyé d'une force directe légale, n'est point illusoire (1); il y a danger pour les gouvernants à le violer, et c'est le mépris qu'ils en font qui est la cause la plus fréquente des révolutions menaçantes, surtout pour ceux qui sont aux sommités de l'échelle sociale. Les vœux sourds ou éclatants des classes inférieures, qui réclament les avantages pour lesquels a été constituée la société, forment en grande partie l'opinion, puissance clairvoyante et incoercible, quelque force qu'on lui suppose, lorsque d'une foule

---

(1) L'attitude seule du peuple anglais a suffi pour arracher à l'aristocratie le droit d'être équitablement représenté.

3.

innombrable elle ne fait qu'un seul homme ayant le même cœur et la même pensée. On ne peut même à la longue éluder ses exigences, quelque habileté qu'on mette à leur donner le change, parce qu'elles renaissent à chaque instant des besoins naturels et sociaux de l'humanité. Les conducteurs des peuples ne doivent pas oublier que c'est dans les parties inférieures de l'atmosphère, à la surface du sol, que naissent ces vapeurs qui obscurcissent l'horizon et forment des nuages chargés d'électricité.

Le droit d'exposer ses griefs au moyen de la liberté de la presse donne toute la nation pour auxiliaire au faible qui poursuit l'injustice. Le plus obscur des citoyens, s'il a du génie et des vertus, peut, en publiant ses idées et en se faisant connaître par ses actions, prendre rang au-dessus des hommes élevés aux plus hautes dignités.

Par le droit de pétition, on participe si bien à la direction des affaires générales, qu'on peut obtenir la réforme des abus, l'amélioration des institutions et le changement du ministère.

On ne doit pas non plus regarder comme exclus de la souveraineté les citoyens employés à la garde de leurs foyers et appelés à la défense de la patrie. Nos soldats, dont les bras et le courage ont la noble mission de seconder la raison et la loi, ne sont ni des ilotes, ni des esclaves portant au cou le collier sur lequel est gravé le nom de leur maître, ni des *capite censi* payant le droit de porter la tête sur leurs épaules.

Les institutions politiques elles-mêmes sont particulièrement établies dans le dessein d'assurer aux faibles les droits que la nature leur donne à l'égalité, à la liberté et à la propriété. Éléments sociaux participant et contribuant au bien-être et à la santé du corps politique, ils peuvent, par l'assimilation vitale et leur propre action, en devenir les organes principaux.

Il ne tient qu'à moi de devenir ce que vous êtes, vous deviendrez peut-être ce que je suis, peut dire chacun de nous aux notabilités politiques qui font ombrage ; les conditions auxquelles s'exercent les fonctions publiques sont les mêmes pour vous et pour moi; il n'y a rien de ce que vous possédez que vous ne puissiez perdre, et rien que je ne puisse obtenir; les arts, les sciences, l'industrie, la carrière militaire m'ouvrent la porte aux premières dignités de l'état. Votre égal devant la loi, quoique aujourd'hui votre inférieur en hiérarchie sociale, je puis demain être votre supérieur.

Tous les individus d'un pays soumis aux mêmes lois ayant droit aux mêmes avantages, et ces avantages consistant en grande partie dans la jouissance des droits politiques, le devoir d'un gouvernement sage et honorable est de les étendre sur un aussi grand nombre que possible d'individus; il n'est permis d'y mettre d'autres bornes que celles que prescrivent la tranquillité et la sûreté de l'état. Le chef-d'œuvre de la civilisation serait de rendre sans danger le suffrage universel.

Du devoir sacré que nous venons d'indiquer découlent deux autres obligations capitales; l'une, d'étendre aux classes les plus pauvres les bienfaits d'une éducation qui les mette à même de connaître leurs vrais intérêts, et de comprendre que ces intérêts sont inséparables de la prospérité publique; l'autre, de leur fournir les moyens de travail qui, leur procurant le nécessaire ou l'aisance, les attache à une patrie pleine de sollicitude pour leurs besoins, et qui ne fait dépendre que de leurs soins et de leur industrie la fortune et les dignités politiques auxquelles chaque citoyen peut s'élever.

CHAPITRE V.

Chez les peuples modernes la souveraineté ne peut être exercée que par des représentants.

Rousseau, si entraînant, si irrésistible dialecticien lorsqu'il est dans le vrai, en traitant le sujet qui nous occupe dans ce chapitre, a outré l'exagération vers laquelle le portait son caractère encore plus que son esprit. Écoutons ce qu'il dit : « Quoi « qu'il en soit, à l'instant où un peuple se donne « des représentants, il n'est plus libre, il n'est « plus (1). » Voilà d'un seul mot le peuple français et le peuple anglais frappés d'esclavage et de mort politique.

Quel moyen offre-t-il pour qu'on soit libre en se passant de représentants? Devinez : l'esclavage. « Quoi! la liberté ne se maintient qu'à l'appui de « la servitude? peut-être : les deux *extrêmes* se tou- « chent (Rousseau, pour que son antithèse fût par- « faite, avait besoin que la liberté fût un excès); « tout ce qui n'est pas dans la nature a ses incon-

______

(1) *Contrat social*, liv. III, chap. xv.

« vénients, (En disant, dans le chapitre II du *Con-*
« *trat social*, que la société a son origine dans la
« famille, il a cependant montré que la société est
« dans la nature), et la société civile *plus que tout*
« *le reste.* (Pourquoi dire la société civile plus que
« tout le reste, si ce n'est pas pour donner une
« fausse énergie à sa pensée en l'outrant?) Il y a
« telles positions malheureuses où l'on ne peut con-
« server sa liberté qu'aux dépens de celle d'autrui
« (d'après l'auteur, cette position est celle de toutes
« les sociétés), et où les citoyens ne peuvent être
« parfaitement libres que l'esclave ne soit extrême-
« ment esclave (1). »

Épouvanté sans doute de la désespérante sen-
tence qu'il vient de prononcer, il semble vouloir
la mitiger et revenir sur ses pas. « Je n'entends
« point par tout cela qu'il faille avoir des esclaves,
« ni que le droit d'esclavage soit légitime, puisque
« j'ai prouvé le contraire(2),» et parfaitement prouvé
dans le chapitre II de votre *Contrat social.* Mais si
l'esclavage n'est point permis, et si pourtant sans
esclaves les peuples ne peuvent être libres, la liberté est un fruit défendu à la race humaine, une
partie étant forcée de commettre le plus grand des
attentats en faisant esclaves ses semblables, ou à
en être la victime en devenant esclave elle-même.

---

(1) *Contrat social*, liv. III, chap. IV.
(2) *Ibidem.*

Avec une pareille alternative, il ne valait guère la peine que vous vous missiez en frais de faire un traité de législation dans la vue de combattre la tyrannie et d'assurer le triomphe des principes de la vraie liberté !

Mais Rousseau, confirmant ses premières idées, tient pour esclaves les peuples qui ont une représentation nationale. « Le peuple anglais pense être « libre, il se trompe fort (1); il ne l'est que durant « l'élection des membres du parlement; sitôt qu'ils « sont élus, il est esclave, il n'est rien (2). »

Il soutient que les peuples modernes, réunis en grandes associations, ne sauraient être libres. « Je « ne vois pas qu'il soit désormais possible au sou-

---

(1) N'est-il pas singulier de vouloir apprendre à un peuple qu'il est ou qu'il n'est pas libre? Il est assez probable qu'il le sait avant et mieux que celui qui lui en donne la nouvelle.

(2) Rousseau aime assez à prendre le ton d'autorité des oracles, mais pas plus qu'eux il n'est infaillible. « Il est très- « aisé de prévoir que, dans vingt ans d'ici, l'Angleterre, avec « toute sa gloire, sera ruinée, et, de plus, aura perdu le reste « de sa liberté. Tout le monde assure que l'agriculture fleurit « dans cette île; et moi, je parie qu'elle y dépérit. Londres s'a- « grandit tous les jours, donc le royaume se dépeuple. Les An- « glais veulent être conquérants, ils ne tarderont pas d'être « esclaves. » (*Extrait du Projet de paix perpétuelle de l'abbé de Saint-Pierre.*) Il dit encore, en parlant de la Corse : « J'ai quel- « que pressentiment qu'un jour cette petite île étonnera l'Eu- « rope. » Elle a, en effet, étonné l'Europe, mais d'une autre manière qu'il ne l'entendait.

« verain de conserver parmi nous l'exercice de ses
« droits, si la cité n'est très-petite (1) »... « Chez les
« Grecs, tout ce que le peuple avait à faire, il le
« faisait par lui-même; il était sans cesse assemblé
« sur la place; il habitait un climat doux; il n'était
« point avide (2). » Il était avide de spectacles gra-
tuits, de salaire pour ses fonctions judiciaires et
politiques, et de l'argent de ses alliés. « Des es-
« claves faisaient ses travaux; sa grande affaire était
« sa liberté. N'ayant plus les mêmes avantages, com-
« ment conserver les mêmes droits? Vos climats
« plus durs vous donnent plus de besoins : six mois
« de l'année la place publique n'est pas tenable;
« vos langues sourdes ne peuvent se faire entendre
« en plein air; vous donnez plus à votre gain qu'à
« votre liberté, et vous craignez bien moins l'es-
« clavage que la misère (3). » Les peuples modernes
craindraient l'esclavage, ne fût-ce que parce qu'ils
craignent la misère, sa compagne inséparable.

Cette condamnation, que l'auteur du *Contrat social* prononce contre les gouvernements modernes
et les représentants, il la fonde sur ce que l'office
de ceux-ci est de reproduire la volonté de leurs
mandataires, et que la VOLONTÉ ÉTANT PERSONNELLE
ET INALIÉNABLE, nul ne peut vouloir pour autrui,

---

(1) *Contrat social*, liv. III, cap. xv.
(2) *Ibidem*.
(3) *Ibidem*.

et par conséquent représenter une volonté autre que la sienne propre. Comme de ce principe il a tiré *l'inaliénabilité*, *l'indivisibilité*, *l'indestructibilité* de la souveraineté qui ont fourni trois chapitres de son livre, que d'ailleurs tout gouvernement représentatif repose sur la légitime transmission de la volonté des citoyens reproduite par leurs commettants, que là est la source de tous les actes politiques réguliers, nous ne pouvons nous dispenser d'examiner l'opinion de Rousseau à cet égard avec toute l'attention que mérite son importance et le soin qu'il a mis à l'étayer.

Déterminons d'abord le sens du mot *inaliénable*.

Si, en disant que la volonté est inaliénable, vous entendez que personne ne peut se séparer de sa volonté, s'en défaire au profit d'autrui, vous énoncez une vérité banale qui s'applique également à toutes nos facultés physiques et morales. Nul, en effet, ne peut raisonner et marcher pour moi. Moins encore quelqu'un peut-il vouloir en se substituant à moi ; car on peut me concevoir en repos, ne raisonnant pas, mais on ne peut me concevoir ne voulant absolument rien, ni avoir du plaisir, ni être exempt de douleurs, ayant ainsi fait passer en entier mon existence dans un autre. Mais si, en disant que la volonté est inaliénable, vous entendez, comme le fait l'auteur du *Contrat social*, que la volonté ne peut s'engager aujourd'hui pour un acte qui n'aura lieu que demain, acte qui sera consenti et exécuté par un autre que celui qui l'aura voulu primitivement, alors vous renversez toute l'économie de la nature humaine et de la société; car la plus belle prérogative de l'homme naturel et social est de maintenir contre les accidents et contre ses propres goûts ce qu'il a une fois voulu après un mûr examen. Otez-lui cette faculté, il ne pourra jouir du plus grand des biens, de la souveraineté sur lui-même; il sera esclave de tous ses caprices et de toutes ses velléités, inhabile à contracter aucune sorte d'engagement soit avec lui-même, soit avec ses semblables, qui craindront avec raison qu'il n'en appelle de sa volonté d'aujourd'hui à sa volonté de demain.

L'homme peut donc prendre des engagements pour l'avenir. « Le pouvoir peut bien se transmet-« tre, mais non pas la volonté » (1). Transférez, si vous le pouvez, mon pouvoir d'entendre, de voir, de digérer, de frapper, et je pourrai alors comprendre cette proposition.

« Il est absurde que la volonté se donne des « chaînes pour l'avenir (2). » Quoi qu'il advienne, je serai dans un, dix, cinquante ans fidèle à ma parole; je m'y tiens irrévocablement lié.

« La volonté ne se représente point, elle est une,

---

(1) *Contrat social*, liv. II, chap. i.
(2) *Ibidem*, liv. III, chap. xv.

« ou elle est autre; il n'y a pas de milieu (1). » La
volonté qui ne veut pas aujourd'hui ce qu'elle
voulait il y a quelques mois, et qui néanmoins
maintient l'exécution des actes qu'elle a antérieurement délibérés, est toujours la même volonté se soumettant à la raison et aux nécessités
sociales.

Le simple bon sens, et l'usage des hommes de
tous les temps et de tous les lieux, montrent que
ce qu'on ne peut faire par soi-même, on est autorisé à le faire par autrui, et qu'une obligation con-
tractée présentement oblige pour l'avenir. Je suis
impotent et malade, j'ai une vente à effectuer loin
de chez moi; je commets à ma place une personne
qui la conclut bien et dûment au moyen d'une
procuration dans laquelle j'ai transmis ma volonté.
J'ai donné mon bien à un ingrat; je me garderais
de le donner si c'était à refaire; ma donation n'en
est pas moins valable et n'en ressort pas moins ses
effets. Les lois et ma conscience ont engagé ma
volonté pour l'avenir.

Le devoir d'être fidèle au pacte social, d'obéir à
la volonté générale lors même qu'elle blesse nos
volontés particulières, est une vérité capitale, sur
laquelle Rousseau a fondé ses théories politiques.
Or, cette vérité suppose la légitimité de l'*alié-
nation* de la volonté, en prenant ce mot dans

---

(1) *Contrat social*, liv. III, chap. xv.

le seul sens qu'on puisse raisonnablement lui donner; car elle ne pourrait avoir aucun résultat, si la volonté, qui promet fidélité au pacte social et à la loi, n'avait droit de se lier pour l'avenir.

Il est non-seulement rationnel, mais encore opportun, et quelquefois nécessaire, pour les individus et pour les nations, de commettre a autrui l'exécution de leurs volontés, de se tenir liés par des engagements une fois pris, et de se donner des mandataires et des représentants.

Rousseau, comme tous les hommes de génie passionné pour ses idées, cherche à les faire triompher à tout prix. Ayant prononcé anathème côntre les représentations nationales, et voulant achever de les frapper de réprobation, il a imaginé de les rendre odieuses en leur attribuant une origine féodale. « L'idée des représentants est moderne; elle « nous vient du gouvernement féodal, de cet inique « et absurde gouvernement, dans lequel l'espèce « humaine est dégradée, et où le nom d'hommes « est en déshonneur (1). » Je ne sache pourtant pas que dans les XIIe, XIIIe et XIVe siècles, il y ait eu beaucoup d'assemblées de vilains nommant leurs

______

(1) *Contrat social*, liv. III, chap. xv. Dans ses *Considérations sur le gouvernement de Pologne*, chap. VIII, il se met en contradiction avec lui-même, en disant que les tribuns à Rome étaient les *représentants du peuple*.

députés à l'effet de rédiger les articles de leurs chartes, de discuter et restreindre les droits de leurs hauts et puissants seigneurs. Les révoltes étaient leurs négociations, les fourches et les faux emmanchées au rebours leurs arguments, la taille, la corvée, et leur métamorphose d'hommes en choses, leurs priviléges et leur contrat social. Rien n'est moins féodal que l'élection, principe en vertu duquel des commettants nomment librement leurs députés parmi les plus dignes. Rousseau aurait été plus heureux s'il eût cherché l'origine de la représentation politique dans les confédérations, seul moyen, suivant lui, « de réunir la puissance exté- « rieure d'un grand peuple avec la police et le bon « ordre d'un petit état (1). » Elles ne peuvent, en effet, être conçues exerçant des fonctions publiques et entretenant des rapports entre leurs membres, autrement que par la nomination de députés chargés de manifester la volonté des divers états fédérés, lesquels ne sont que des individus considérés les uns par rapport aux autres. Les peuples n'ont point été faits pour émigrer à époques fixes en corps de nation, se donner rendez-vous sur une même place publique pour y délibérer en commun de leurs affaires. Ils restent chez eux, et traitent de leurs intérêts par des fondés de procuration.

---

(1) *Contrat social*, liv. III, chap. xv.

En résumé, et en opposition aux idées de Rousseau, ce n'est que parce qu'ils n'ont point d'esclaves et qu'ils ont des représentants, que les peuples modernes, réunis dans d'innombrables et florissantes cités, ont étendu et perfectionné leur civilisation.

CHAPITRE VI.

Souveraineté du sabre.

Ainsi que la liberté, le despotisme a eu ses apôtres et ses théoriciens, dont Machiavel et Hobbes
sont les plus renommés. Le premier est plus dangereux ; il ôte la peur du crime par la simplicité et la
bonne foi avec laquelle il le conseille, et en enseigne
les apprêts et les moyens. Plein des mœurs de son
siècle, il ne fait que dire ce que pensaient et prati-
quaient ses contemporains. Cinquante ans de guerres
de ville à ville, presque de quartier à quartier,
guerres dans lesquelles la ruse obtenait plus que la
force, faisaient de la perfidie une science, et du
poison un instrument vulgaire de gouvernement.
Hobbes, fatigué de l'inflexibilité meurtrière des que-
relles théologiques, des débats régicides du parlement, des guerres civiles et étrangères, cherche la
paix sous l'égide de plomb du despotisme. Pour lui,
l'emblème du gouvernement-modèle est l'épée nue
des Celtes fichée en terre. Falsifiant l'idée et les
conditions de la liberté jusqu'à en supposer l'existence impossible, soumettant tout à sa logique de
fer, il approuve et légitime les gouvernements quels

4

qu'ils soient, démocratiques, aristocratiques, monarchiques surtout, sous une seule condition, despotisme dans la famille, despotisme dans la société
civile, despotisme dans l'ordre politique, despotisme dans l'église, en un mot, despotisme et toujours despotisme. Quand on le lit avec attention néanmoins, on est tout étonné de sentir qu'il parle de
conscience, qu'il n'est pas un méchant homme, et
que c'est par amour pour l'humanité qu'il veut que
nous soyons esclaves. Il eût, tant ses déductions
sont pressantes et suivies, fondé l'absolutisme en
raison, si la raison pouvait prouver contre elle-
même. Nous croyons utile de dérouler la série de
ses idées, espérant montrer qu'aucune argumentation, quelque habilement tissue qu'elle soit (1), ne
saurait prévaloir contre le besoin de liberté fondé
sur la constitution de la race humaine.

Hobbes avait très-bien compris qu'on ne pouvait
écrire qu'au hasard sur les lois qui doivent régler
l'ordre social, si auparavant l'on n'avait exactement
déterminé celles qui régissent l'homme dans l'ordre
naturel. Aussi fit-il précéder son ouvrage *Du Citoyen* par son traité *De la Nature de l'Homme*, auquel il renvoie fréquemment, et où il examine avec

---

(1) « La manière dont les erreurs générales s'introduisent
« parmi les peuples, s'y transmettent, s'y perpétuent, fait par-
« tie du tableau historique des progrès de l'esprit humain. »
(CONDORCET.)

beaucoup de sagacité les phénomènes moraux que présente notre espèce. On y trouve le résumé de ses théories politiques dans la phrase qui suit : « Ce « n'est pas parler proprement que de dire : *sic volo*, « *sic jubeo*, si l'on n'ajoute *stet pro ratione volun-* « *tas* (1). Lorsque le commandement est accompa- « gné d'une force suffisante pour obtenir obéis- « sance, il est nommé *loi* (2). » Vous voyez que le commandement tire sa justice de la volonté de ce-lui qui commande, *s' ei piace ei lice* (3), et que tout commandement du plus fort est LOI.

Il part de l'égalité de la nature humaine pour l'asservir. Les différences physiques et morales d'in-dividu sont, dit-il, si légères qu'on ne doit pas en tenir compte, et qu'il faut considérer les hommes comme égaux (4). S'il fût parti du principe vrai, que les hommes, quoique égaux entre eux par leur nature qui chez tous est la même (5), sont néan-moins inégaux au physique et au moral, il aurait

---

(1) Ainsi je veux, ainsi j'ordonne; que ma volonté tienne lieu de raison.

(2) *De la nature humaine*, chap. XIII, sect. 6. Quels que soient les ouvrages qu'on écrive sur la politique, ils ne peuvent être que des chapitres du grand livre de *la philosophie de l'homme*, livre qui sera toujours incomplet.

(3) Tout ce qui plaît au plus fort est légitime.

(4) *Du Citoyen*, chap. 1, sect. 2.

(5) « Les ames des empereurs et des savatiers sont jectées à « mesme moule. » *Essais de Montaigne*, liv. II, chap. XII.

4.

été obligé de conclure que les associations humaines n'auraient pu subsister si la *force brute* eût prévalu et n'eût été soumise au *droit*, lequel ne met point de différence entre le fort et le faible; mais dès-lors il n'y avait plus matière à son livre.

Égaux par l'orgueil, l'envie, le mépris, la colère, la haine, les hommes sont naturellement méchants, et en état de guerre (1) : autre principe faux; les hommes ne naissent ni méchants, ni bons, puisque la méchanceté et la bonté dépendent exclusivement de la volonté, dont nous n'avons pas en naissant le libre exercice. Il est seulement vrai que nous venons au monde avec l'aptitude à devenir bons ou méchants. Si en nous est le germe des passions antisociales, telles que l'orgueil, la haine et l'envie, en nous aussi est le germe des passions sociales, la sympathie, la pitié, l'amour de la justice. La famille a été paix et amour avant que la société ne fût en guerre. Ici l'on se bat et l'on cherche à s'exterminer, là on fait des traités d'alliance et d'amitié. Deux instincts, l'un d'individualité, l'autre de rapport; l'un d'égoïsme, l'autre de sociabilité, luttent et lutteront sans cesse en nous. Hobbes a méconnu le second de ces instincts, ainsi que les disciples de Saint-Simon.

Nous allons voir où peuvent conduire deux principes faux lorsqu'ils servent de point de départ à

____

(1) *Du Citoyen*, chap. 1.

un puissant dialecticien (1). Les hommes sont égaux et en état de guerre, personne ne doit rien à qui que ce soit, chacun a droit d'employer tous les moyens nécessaires à sa conservation (2), et lui seul est juge de la nécessité et de la nature des moyens qu'il emploie (3), tout appartient à tous; toutes choses peuvent être faites avec droit; le droit et l'utile sont une seule et même chose (4). Celui à la force de qui on ne peut résister a, dans l'état de nature, le droit de faire ce que bon lui semble (5). La nécessité de pourvoir à notre conservation, laquelle est mise en danger par l'égalité qui existe parmi les hommes, nous permet de travailler à détruire cette égalité, et un homme qui en a mis un autre en son pouvoir a droit de prendre toutes les précautions pour s'en assurer à l'avenir (6). Toutes ces propositions, Hobbes les déduit de la loi de nature. Il est curieux de savoir ce qu'est, d'après lui, cette loi. Vous serez sans doute étonné d'ap-

---

(1) La dialectique ne pouvant construire ses raisonnements qu'avec des mots, forcée d'en peser minutieusement la valeur, ne donne à l'observation qu'un rang secondaire. *L'esprit raisonneur* n'est que verbiage. *L'esprit logique* s'occupe autant des choses que des mots; il est *parole et raison*, ainsi que le dit l'étymologie.

(2) *Du Citoyen*, chap. 1, sect. 6.

(3) *Ibidem*, sect. 7.

(4) *Ibidem*, sect. 10.

(5) *Ibidem*, chap. 1, sect. 13.

(6) *Ibidem*.

prendre qu'*il n'y a d'autre loi de nature que la raison.* Votre étonnement va cesser lorsque vous saurez qu'il ne peut y avoir d'autres préceptes de cette loi que ceux qui montrent les moyens d'avoir la paix lorsqu'on peut l'obtenir, ou les moyens de faire avantageusement la guerre lorsqu'on ne peut l'éviter (1).

Mais, comme l'état de guerre est tel que par lui, s'il était permanent, serait détruit le genre humain (2), la raison conseille à chacun de se porter à la paix (3). C'est donc un précepte de la loi naturelle que chacun doit abandonner le droit qu'il a sur toute chose (4) de le transférer à un autre (5). La cession faite de son droit, quoique extorquée par la crainte de la mort, est valable (6).

Cependant (et ceci est le plus important), en dépit des lois de la nature, et de la faculté de transférer nos droits, la paix né pourrait subsister si une autorité supérieure et générale, qui puisse contraindre les particuliers à tenir leurs engagements et à garder entre eux la paix, n'était établie (7). Par ce moyen, celui qui est une fois institué chef

---

(1) *Du Citoyen,* chap. 11, sect. 1.

(2) *Ibidem,* chap. 1, sect. 12.

(3) *Ibidem.*

(4) *Ibidem,* chap. 11, sect. 2.

(5) *Ibidem,* sect. 3.

(6) *Ibidem,* sect. 13.

(7) *Ibidem,* chap. vi, sect. 6.

peut désormais, en se servant de la force et du pouvoir de chacun, contraindre ses sujets à maintenir entre eux l'union et la concorde (1). Faire transport de sa puissance et de sa force, ce n'est rien autre chose que renoncer au droit de résister à la personne à qui on en a fait le transport (2). Enfin, la volonté d'un seul homme élu pour chef sera prise et tenue pour la volonté de tous en général (3). La seule personne à qui les particuliers ont donné cette puissance commune doit porter le titre de souverain, et sa puissance est une puissance souveraine (4).

Voici maintenant l'application des doctrines précédentes à la famille, aux relations du maître et de l'esclave, et aux droits du souverain.

Droit des parents sur leurs enfants. Dans l'état de nature, la mère, qui peut élever ou détruire son enfant, a droit sur lui en vertu de cette puissance (5). Si elle trouve à propos de l'abandonner et de l'exposer, quiconque homme ou femme trouvera l'enfant ainsi exposé aura le même titre sur lui que la mère. Et lorsque cet enfant ainsi préservé aura acquis les forces nécessaires pour prétendre à l'égalité avec celui qui l'aura sauvé, la

---

(1) *Du Citoyen*, chap. VI, sect 7.

(2) *Ibidem*, sect. 10.

(3) *Ibidem*, partie II, chap. I, sect. 3.

(4) *Ibidem*, partie I, chap. VI, sect. 10.

(5) *Ibidem*, partie II, chap. IV, sect. 3.

raison ne permet pas qu'il forme cette prétention, car autrement ce serait prudence aux parents de laisser plutôt périr leurs enfants lorsqu'ils sont au berceau que de les élever plus long-temps dans le danger d'être leurs sujets quand ils seront devenus grands (1). Les enfants donc, soit qu'ils soient élevés par le père, soit par la mère, soit par quelque autre, sont absolument soumis à ceux qui les ont ainsi élevés et nourris, car ceux-ci peuvent les aliéner, c'est-à-dire transférer le droit qu'ils ont sur eux, en les vendant ou donnant à quelque autre; ils peuvent les mettre en otage, les tuer pour leur rébellion, ou les sacrifier pour la paix, selon les lois de la nature, toutes les fois qu'ils le jugeront nécessaire à leurs affaires (2). Je doute qu'un fermier qui parlerait du trafic des veaux et des agneaux nés dans ses étables, s'exprimât plus pertinemment et avec plus de bonne foi et de sang-froid.

Titres de la domination des maîtres sur les esclaves (3). Avant tout, il faut chercher par quels moyens on obtient ce droit, c'est-à-dire la domination sur la personne d'un autre. On l'acquiert, premièrement, par la soumission volontaire de celui-ci; en second lieu, par une soumission forcée

––––––––––

(1) *Du Citoyen*, partie II, chap. iv, sect. 3.

(2) *Ibidem*, partie VIII, chap. iv, sect. 8.

(3) Aristote justifie l'esclavage en ce qu'il est utile aux maîtres et quelquefois aux esclaves; il raisonne du particulier au général, et sacrifie à quelques individus l'humanité entière.

que la crainte d'un plus grand mal a extorquée (1).
Le vainqueur obtient une puissance absolue sur le
vaincu : d'où naît incontinent un petit corps politique qui est composé de deux personnes, à savoir,
du souverain qui est appelé seigneur ou maître, et
du sujet qui est appelé serf ou esclave. Or, quand
un homme ou un maître a un si grand nombre
d'esclaves qu'il ne peut impunément être attaqué
par ses voisins, ce corps politique est appelé un
royaume despotique (2). Un maître n'a pas moins
de droit sur l'esclave à qui il laisse le corps en liberté, que sur les autres lesquels il tient enchaî-
nés ou enfermés dans une prison. Car il a une puissance souveraine sur les uns et sur les autres, et
il peut aussi bien dire d'un esclave que de toute
autre chose qui est à lui : Cela m'appartient (3).
Donc il suit que tout ce qui était à l'esclave avant
la perte de sa liberté appartient ensuite à son maître.
Car celui qui a puissance de disposer de la personne, a aussi le même droit sur toutes les choses
dont la personne pouvait disposer. De sorte que,
quoiqu'il y ait quelque distinction de mien et de
tien parmi les esclaves par suite de la dispense du
maître, et pour son profit, néanmoins aucun d'eux
ne peut dire cela est *mien*, cela est *tien*, contre la

---

(1) *Du Citoyen*, partie II, chap. III, sect. 1 et 2.

(2) *Ibidem*.

(3) Vous voyez qu'un esclave est un *cela*.

volonté du maître, auquel ils ne doivent pas résister, mais obéir en tout ce qu'il leur commande (1).

Or, d'autant que l'esclave et tout ce qui est à lui appartient au maître, et que chacun, suivant le droit de nature, peut disposer de son bien comme bon lui semble, le maître pourra vendre, engager et léguer par testament le droit qu'il a sur son esclave (2). Je défie le lecteur le plus difficile de trouver à redire à l'exactitude de ces déductions; mais il est aussi vrai de dire que, si certaines circonstances rendaient l'esclavage le plus fort, il n'aurait pas moins logiquement le droit, et toujours en vertu de la loi de la nature, de vendre, engager et léguer par testament son maître, ce maître fût-il roi et même empereur. Pour établir le droit d'esclavage, Hobbes aurait dû prouver qu'on a droit de tuer celui qu'on a vaincu et qui ne se défend plus : ce qui lui eût été impossible, vu qu'on n'a le droit d'ôter la vie à quelqu'un que pour défendre la sienne propre. Il aurait encore eu à prouver que l'homme pouvait renoncer à sa nature par laquelle il a été fait un être libre.

Droits du souverain sur les personnes et sur les choses. La soumission de ceux qui sont membres d'un corps politique n'est pas moins absolue que celle des esclaves, et en cela ils sont dans une par-

---

(1) *Du Citoyen*, sect. 4.
(2) *Ibidem*, sect. 5.

faite égalité(1). De ce que chaque particulier a soumis sa volonté à la volonté de celui qui possède la
puissance souveraine dans l'état, en sorte qu'il ne
peut employer contre lui ses forces, il s'ensuit que
le souverain est *injusticiable*, c'est-à-dire qu'il doit
avoir impunité de tout ce qu'il entreprend (2). Il
se sert, quand bon lui semble, tant de l'épée de justice que de celle de guerre pour juger toute sorte
de différents, décider tout ce qui regarde la guerre,
établir ou abolir les lois (3). Il est très-nécessaire
que le souverain ait le pouvoir de changer les
lois (4). C'est donc une erreur de croire que la puissance qui est virtuellement toute celle de la société,
et qui donne le titre de souverain ou de suprême
à celui qui la possède, puisse être sujette à aucune
autre loi qu'à celle du Tout-Puissant (5), ceux qui
ont la puissance souveraine ne sont pas tenus aux
lois (6). Le souverain qui a le droit de se faire obéir
sans résistance, a aussi le droit et la puissance de
contraindre tous les autres, et par conséquent peut
les régler et gouverner à sa fantaisie (7). Le souverain peut ôter à chaque sujet ce dont il avait la

---

(1) *Du Citoyen*, chap. iv, sect. 9.
(2) *Ibidem*, partie II, chap. i, sect. 12.
(3) *Ibidem*, sect. 9 et 13.
(4) *Ibidem*, chap. v, sect. 7.
(5) *Ibidem*, chap. x, sect. 5.
(6) *Ibidem*, chap. viii, sect. 6.
(7) *Ibidem*, chap. i, sect. 19.

jouissance, celui-ci n'y ayant d'autre droit que l'u-
sage et la coutume (1). Quand le peuple demande
quelque chose autrement que par la voix du souverain, ce n'est pas le peuple qui demande, mais
de simples particuliers (2). Il est assuré que, puisque la droite raison n'existe pas en être, en essence,
il faut que la raison d'un homme ou de quelques
hommes supplée à ce défaut. Or, ceux qui font cela
sont ceux qui ont la puissance souveraine (3). Le
pouvoir suprême ne peut être sujet à aucune puissance ecclésiastique, si ce n'est à celle de Jésus-
Christ même. Ceux qui en sont investis doivent
gouverner immédiatement l'église (4), puisque rien
en notre temps ne parle par la voix de personne
qui soit au-dessus de la puissance souveraine, reste
qu'il parle par ses vice-gérants, ou lieutenants ici
en terre, c'est-à-dire par les rois souverains, ou
par ceux qui ont l'autorité souveraine aussi bien
qu'eux (5).

Tel est le code de l'absolutisme tracé de main de
maître, d'après toutes les règles et les formes de la
logique; code que n'osent hautement avouer les
gouvernements despotiques, mais qui n'en est pas
moins leur bréviaire secret, et dont ils appliquent

---

(1) *Du Citoyen*, chap. 1, sect. 2.
(2) *Ibidem*, chap. VIII, sect. 9.
(3) *Ibidem*, chap. X, sect. 8.
(4) *Ibidem*, chap. VII, sect. 10.
(5) *Ibidem*, partie II, chap. VII, sect. 11.

les maximes dans les bonnes occasions, sans s'a-
muser à les appuyer par des preuves ou à réfuter
les raisons qu'on y oppose. Voici la série et l'en-
chaînement des idées qui forment tout le système :
avant l'origine de la société, il n'y a de loi que celle
de la nature; cette loi fait tous les hommes égaux;
ainsi tout appartient à tous; tous ayant des prétentions à tout, sont en état de guerre; la guerre
est le plus grand des maux; le raison, qui est la loi
de nature, veut qu'on n'épargne aucun sacrifice
pour sortir de cet état, le pire de tous, et qui, s'il
était permanent, entraînerait la destruction du
genre humain; elle commande à chaque individu
qui a droit à tout de se dessaisir de ses droits et de
les transférer à un autre qui, étant fort de la force
de tous, pourra maintenir la paix contre laquelle
s'insurgent l'orgueil et les passions; celui à qui on
a fait ce transport est le souverain; sa volonté est
la volonté générale; dès-lors on n'a pas le droit de
lui résister; il peut faire tout ce qu'il veut; il est
au-dessus des lois qu'il peut faire ou défaire; le
peuple ne peut parler que par sa voix; sa raison
tient lieu de celle de tous ses sujets; il est supérieur à toute autorité ecclésiastique, car rien ne
peut s'égaler à lui; il est donc le chef de l'église
comme il l'est de l'état; il est le *vice-gérant* de Dieu
sur la terre. Dans cette suite de déductions, on
peut étudier, comme dans un modèle, l'art des so-

phistes, qui consiste particulièrement à prouver l'erreur par la vérité ou par ce qui approche le plus de la vérité. Les hommes naissent égaux, la raison est la loi de nature, sont des vérités, mais des vérités sophistiquées et falsifiées par Hobbes. Restituez-leur le sens qu'elles sont destinées à exprimer, elles montreront la nécessité de la liberté et inspireront l'horreur de la tyrannie.

Il est, je crois, difficile aux personnes qui ont le plus de dévotion à l'arbitraire de ne pas être satisfaites de la manière dont le philosophe anglais le fonde en principes et en fait une obligation de conscience. Une chose essentielle, direz-vous, l'inquisition, manque à son bréviaire du despotisme. Attendez, voici ce qu'il dit : « Et d'autant plus qu'un bien éternel doit être préféré à celui qui n'est que temporel, il est évident que les souverains sont obligés par la loi de nature d'établir les doctrines et les règles sans lesquelles ils croient, selon leur conscience, qu'on ne peut avoir la félicité éternelle (1). » Hobbes était trop conséquent, après avoir dit que la raison du souverain tenait lieu de celle de ses sujets, que de ne pas ajouter que sa conscience tenait lieu de leur propre conscience. Et comme le souverain dispose de l'épée de justice et de celle de la guerre, il s'en servira charitablement

____

(1) *Du Citoyen*, partie II, chap. ix, sect. 2.

pour corriger ceux qui, ne suivant pas les doctrines religieuses qu'il a établies, se fourvoieront du chemin de la félicité éternelle.

Notre inflexible dialecticien n'a pu s'empêcher de sentir que son discours est dur et difficile à entendre; lui-même en fait l'aveu en ces termes : « Et premièrement, il semble être un grand inconvénient qu'un seul homme ait tant de pouvoir qu'il ne sera permis à aucun particulier, ni même à plusieurs ensemble, de lui résister; et même quelques-uns veulent que cela soit incommode par cela seul qu'il a la puissance d'un maître (1). » Comme cette objection est propre à faire impression, personne n'aimant à être compté pour rien et à avoir un maître, Hobbes fait avancer son gros canon et répond en ces termes : « Mais cette raison n'est pas bonne, car elle prouve que c'est aussi un inconvénient que d'être gouverné par Dieu même (2). » On ne peut mieux dire, en supposant que les rois ont l'omniscience et la sainteté de Dieu même.

Il revient sur cette idée qui le chagrine d'autant plus qu'il sent qu'on peut lui objecter qu'une autre sorte de gouvernement est préférable à l'autocratie d'un seul; on voit que c'est surtout la république et le gouvernement mixte qui lui tiennent à cœur. Après avoir cherché à s'en débarrasser, il lève au-

(1) *Du Citoyen*, chap. v, sect. 4.
(2) *Ibidem*, partie II, chap. v, sect. 4.

tant qu'il est en lui les objections qu'on peut faire contre la monarchie absolue. «C'est pourquoi, dit-il, il y en a qui se sont imaginé que l'on pouvait établir une république en telle façon que la puissance souveraine serait limitée, et voici comment ils en bâtissent l'idée, etc. Mais, en cas de guerre, celui qui commandera les armées aura ou n'aura pas le droit de lever autant de soldats et d'impôts qu'il voudra. Dans le premier cas, il sera absolu, et dans le second, il sera vaincu et la république détruite (1). »

« D'autres, pour éviter les rudes et fâcheuses conditions, comme il leur semble, de cette soumission, laquelle ils nomment par haine esclavage, ont inventé, au moins ils se l'imaginent, un gouvernement mixte et composé de trois sortes d'états (2). Ils sont dans une grande erreur, car lorsque les trois pouvoirs auxquels ils ont donné le maniement des affaires publiques s'accorderont et s'entendront parfaitement, ils leur seront aussi sujets et autant soumis à leur volonté qu'est un enfant à son père ou un esclave à son maître (3). » Hobbes n'a point vu ou n'a point voulu voir qu'il est dans la nature et dans les intérêts de ces trois pouvoirs de ne point s'entendre pour opprimer les citoyens. Maintenant

---

(1) *Du Citoyen*, chap. 1, sect. 14.
(2) *Ibidem*, chap. 1, sect. 15.
(3) *Ibidem*, partie II, chap. 1, sect. 16.

il va parcourir les objections qu'on peut faire contre le gouvernement absolu.

Un autre inconvénient de la monarchie est, que le monarque, outre les exactions nécessaires pour la défense de la république, peut, si bon lui semble, faire sur ses sujets d'autres levées inconsidérées dont il enrichit ses enfants, ses plus proches parents et ses favoris. En effet, c'est là une chose bien fâcheuse. Mais la même chose arrive dans un état populaire, pourvu que les gouvernants s'entre-accordent ensemble; autrement on tombe dans un bien plus grand mal, à savoir la sédition, d'où s'ensuit la guerre (1). Notre publiciste convient ici tacitement de la légitimité de tout gouvernement qui, en évitant la sédition et la guerre, rend impossibles les exactions du souverain.

Un second inconvénient de la monarchie est *en apparence* la puissance qu'a le prince d'empêcher l'exécution de la justice et de dispenser de ses lois, de sorte que la famille et les amis du monarque peuvent faire toute sorte d'outrages au peuple et l'opprimer impunément. C'est encore pis dans le gouvernement populaire où ceux qui gouvernent n'étant pas bien aises de voir leurs parents punis de crimes qu'ils commettent, les soustraient à la punition qu'ils méritent (2). Les grands crimi-

---

(1) *Du Citoyen*, chap. v, sect. 6.
(2) *Ibidem*.

nels échappent aux lois dans les monarchies absolues, ils y sont soumis dans les monarchies mixtes.

Un autre grand inconvénient de la monarchie
est, *en apparence,* le pouvoir de changer les lois (1).
Hobbes trouve qu'en réalité c'est plutôt un avantage. Nous sommes de son avis, si toutefois celui
qui jouit de ce pouvoir exorbitant est infaillible,
ami du bien public, et s'il n'a pas intérêt à changer
les lois à son profit.

Après avoir constitué et armé de pied en cap le
despotisme et repoussé les attaques qu'on dirige
contre lui, notre publiciste travaille à anéantir le
plus redoutable ennemi du pouvoir arbitaire.

La liberté n'est que l'honneur de l'égalité avec
les autres sujets (lesquels ne participant en rien
aux droits politiques n'ont ni la liberté d'agir, ni de
penser, ni de parler), et ceux qui n'ont pas cette
égalité sont dans la servitude. Un homme ainsi libre
peut attendre et espérer quelques charges et em-
plois honorables. Mais un serf ou un esclave ne le
peut et ne le doit pas. (Pourquoi cela ? un eunuque
est quelquefois vizir.) Et voilà tout ce qu'on peut
entendre par liberté d'un sujet (2).

Non content d'avoir rendu la liberté peu souhai-
table et d'avoir offert aux amateurs de l'arbitraire
le beau idéal du despotisme, il va incorporer les

---

(1) *Du Citoyen,* chap. v, sect. 7.
(2) *Ibidem,* partie II, chap. v, sect. 9.

sujets à leurs chaînes; comme dans les pactes avec Satan, il suffira d'avoir obéi une fois pour être tenu d'obéir toujours. Son raisonnement, pour en venir là, est curieux. «D'où l'on peut inférer, ce qui néanmoins semblera étrange à quelques-uns, que les ordres de celui dont le commandement a passé pour loi une fois, et dans quelque chose, doit aussi passer pour loi en toutes autres; car si un homme est tenu à l'obéissance, avant même qu'il sache en quoi, il est à plus forte raison obligé d'obéir en général, c'est-à-dire en toute sorte de choses (1). »

Après avoir fondé avec tant de soin une théorie, rien n'est plus naturel que de chercher les moyens de la maintenir et d'écarter les obstacles qui s'opposent à sa conservation. Un de ces moyens est de révoquer et de punir les magistrats qui se rendent populaires ainsi que les personnes qui professent des maximes dangereuses (2). Il y a ici amélioration comparativement aux préceptes de Machiavel; celui-ci permet le poison pour se débarrasser des personnes qui offusquent l'autorité du prince, Hobbes se contente de les faire punir en vertu des lois que le prince a faites ou qu'il fera au besoin.

Voici les six détestables maximes que signale notre publiciste comme dignes d'une notable répréhension. La première, de soutenir que personne

_____

(1) *Du Citoyen*, chap. x, sect. 3.
(2) *Ibidem*, chap. ix, sect. 8.

ne doit rien faire contre sa conscience; la seconde, que le souverain est sujet aux lois; la troisième, que le droit de souveraineté peut être partagé entre plusieurs pouvoirs; la quatrième, que chaque particulier a la propriété de son bien distincte de celle du souverain; la cinquième, que le peuple est une personne distincte du souverain; la sixième, qu'il est permis de résister à un tyran. « Il n'est point douteux, dit encore Hobbes, que si la vraie opinion touchant la loi de nature, les propriétés du corps politique, la nature et l'essence de la loi, était clairement démontrée dans les écoles, les jeunes gens qui y viennent et qui sont comme une carte blanche susceptibles de toute espèce d'instruction, n'ayant encore aucun préjugé, embrasseraient fort aisément notre doctrine et l'enseigneraient au peuple, tant dans leurs écrits que dans leurs entretiens particuliers, au lieu qu'à présent ils font le contraire (1). »

L'œuvre du despotisme une fois accomplie, l'auteur, pour mieux la cimenter, veut qu'on donne au peuple toute la liberté (nous avons vu ce qu'il entend par liberté) qu'on peut lui laisser sans le rendre insolent et dangereux, qu'on lui rende justice et qu'on le protége dans ses propriétés, d'autant que tous les biens des sujets appartenant au

____

(1) *Du Citoyen*, partie II, chap. ix, sect. 8.

souverain, ils l'enrichissent en s'enrichissant eux-mêmes.

Après avoir établi le droit d'esclavage dans la famille, dans les relations entre les sujets, dans celles entre les sujets et le souverain, Hobbes, ce semble, aurait dû être content de son ouvrage et se reposer. Il lui restait à étendre l'application de ses principes de nation à nation, et c'est par là qu'il termine son livre. « Voilà, dit-il, pour ce qui regarde les éléments et les principes fondamentaux des lois naturelle et politique. Et pour ce qui est de la loi des nations, elle est la même que la loi de nature. » Or, d'après lui, la loi de nature soumettant le faible au fort, les nations faibles seront de droit esclaves du souverain à qui il prendra fantaisie de les subjuguer, et qui en aura les moyens.

Qui dirait que ce code monstrueux, à l'existence duquel on a peine de croire et qui ne nous semble qu'un rêve satanique, régit pourtant l'Afrique, l'Asie, quelques parties de l'Europe, et que, chez les peuples les plus célèbres de l'antiquité, il a été en vigueur à l'égard des esclaves, des femmes, des enfants et des étrangers? Un des grands bienfaits de la religion chrétienne est de nous avoir délivrés de ses conséquences et de nous en inspirer l'horreur.

CHAPITRE VII.

Souveraineté du droit divin.

« Or, il arriva que Samuel, étant devenu vieux,
« établit ses fils juges en Israël :

« Le nom de son fils aîné fut Joël, et le nom de
« son second fils Abia ; ils étaient juges à Bersabée.

« Ses fils ne marchèrent pas dans ses voies ; ils
« inclinèrent, au contraire, vers l'avarice, ils reçu-
« rent des présents, et pervertirent leurs jugements.

« Tous les anciens d'Israël se rassemblèrent donc
« et allèrent trouver Samuel à Ramah.

« Et ils lui dirent : Tu as vieilli et tes fils ne mar-
« chent pas dans tes voies : constitue-nous un roi
« qui nous juge, comme en ont toutes les nations.

« Ce discours déplut à Samuel, parce qu'ils lui
« avaient dit : Donne-nous un roi pour nous juger.

« Et il pria le Seigneur, et le Seigneur lui dit :
« Écoute la voix du peuple dans tout ce qu'il t'a dit.
« Car ce n'est pas toi, mais moi qu'ils rejettent pour
« que je ne règne pas sur eux.

« Ils n'ont pas autrement fait depuis le jour où
« je les tirai d'Égypte jusqu'à ce jour : comme ils

« m'abandonnèrent et servirent d'autres dieux étran-
« gers, ainsi ils font à ton égard.

« Maintenant donc écoute leur voix : mais pré-
« viens-les et explique-leur le DROIT du roi qui doit
« régner sur eux.

« C'est pourquoi Samuel rapporta au peuple qui
« lui avait demandé un roi toutes les paroles du
« Seigneur, et dit :

« Voici le DROIT du roi qui doit vous comman-
« der : il prendra vos enfants, les placera sur ses
« chariots, il en fera ses cavaliers et les coureurs
« qui iront au-devant de ses chars.

« Il en fera ses tribuns et ses centurions et les
« laboureurs de ses champs, ses moissonneurs, ses
« forgeurs, ses armuriers et ses charrons.

« Vos filles aussi, il en fera ses parfumeuses, ses
« chambrières et ses boulangères.

« Vos champs aussi, vos vignes, vos meilleurs
« plants d'oliviers, il les prendra pour les donner à
« ses esclaves.

« En outre, il prendra la dîme de vos moissons
« et de vos vignes pour avoir de quoi donner à ses
« serviteurs et à ses eunuques.

« Vos propres serviteurs, vos servantes, vos jeunes
« gens les plus robustes, et vos ânes, il les prendra
« pour les employer à ses travaux.

« Il prendra la dîme de vos troupeaux, et vous
« lui servirez d'esclaves.

« Et dans ce jour-là vous crierez à la face du roi

« que vous vous serez donné ; et dans ce jour, Dieu
« ne vous exaucera pas, parce que vous avez de-
« mandé un roi (1). »

Il faut convenir que la Bible n'est rien moins
que royaliste, et qu'on ne peut mieux dire que
Samuel pour dégoûter du pouvoir absolu. Bossuet,
après avoir cité en partie ce qui précède, s'écrie :
« Est-ce qu'ils (les rois) auront *droit* de faire tout
cela *licitement?* à Dieu ne plaise ! car Dieu ne donne
pas de tels pouvoirs. *Ils auront droit de le faire impunément à l'égard de la justice humaine* (2).» Voyez
comment, avec l'abus d'un mot, on peut autoriser
les doctrines les plus funestes. Dieu, suivant le savant évêque, condamne les actes que nous venons
de mentionner, et cependant les rois ont *droit* de
commettre *impunément* ces actes eu égard à la justice humaine. Il existe donc deux droits, l'un de
faire *impunément,* et l'autre de faire *licitement;* il
existe donc un droit contre la justice humaine et
divine qui réprouvent également les vexations que
les princes font éprouver à leurs sujets ; il y a donc
un droit contre le droit. Écartez cette hypocrisie
de langage, mettez le mot propre, et dites : Les rois
auront le *pouvoir* d'être injustes ; aussitôt vous mettez dans tout son jour et montrez dans sa hideuse

---

(1) *Rois,* liv. I, chap. VIII.

(2) *Politique tirée des propres paroles de l'Écriture sainte,*
liv. IX , art. 1.

nudité l'impiété de la tyrannie, vous ne lui laissez que le privilége de la force brute.

Dans le livre que Bossuet fit pour former à la politique le dauphin destiné à occuper le trône du grand roi, on sent à chaque ligne le même embarras et la même contradiction, l'intention de conserver à l'absolutisme tous les priviléges de la force, et en même temps l'honorable désir d'en mitiger les effets par l'influence de la raison et de la religion, sans vouloir pourtant rien rabattre des prétentions de la royauté et de l'église. Il est curieux de voir le génie de l'illustre prélat avancer en louvoyant entre les inconciliables exigences de la justice et du despotisme.

« Pour entendre parfaitement la nature de la loi, « il faut remarquer que tous ceux qui en ont bien « parlé l'ont regardée dans son origine comme un « *pacte et un traité solennel* par lequel les hommes « conviennent ensemble, *par l'autorité du prince,* « de ce qui est nécessaire *pour former la société.*

« On ne veut pas dire par là que l'autorité des « lois dépende du consentement et acquiescement « des peuples, mais seulement que le prince, qui « d'ailleurs par son caractère n'a d'autre intérêt que « celui du public, est assisté des plus sages têtes « de la nation, et appuyé sur l'expérience des siè-« cles passés (1). »

_____

(1) *Politique sacrée*, liv. I, art. ix.

Pour confirmer l'idée que la société a pour base un pacte primitif et spontané, Bossuet dit que Dieu ne voulut pas imposer d'autorité sa loi aux Hébreux, mais qu'avant de la rendre obligatoire, il attendit leur consentement. « Toutefois, pour rendre la chose « plus solennelle et plus ferme, il les obligea à la « loi par un traité exprès et volontaire (1). »

Voilà donc, d'après l'aveu des personnes *qui en ont bien parlé*, et d'après le livre dans lequel « Dieu a voulu tout décider » (2), la société fondée sur *un pacte et un traité solennel*. Mais tout pacte est synallagmatique ; il oblige réciproquement les contractants ; qui le viole anéantit les droits qu'il en tenait, et dégage l'autre partie des obligations qui y étaient stipulées. Or, comme un peuple n'a jamais consenti à être esclave et à être foulé aux pieds par un despote, il s'ensuit que tout souverain qui exerce les actes exorbitamment tyranniques dont Bossuet a parlé, affranchit ses sujets de l'obéissance, et les replace dans la situation où ils étaient avant le contrat.

Effrayé des inévitables conséquences des doctrines qu'il a exposées, l'auteur cherche à en amortir les effets. Mais, sentant la faiblesse de sa cause, il compose avec son génie qui se plaisait à des luttes corps à corps, il assouplit sa logique, a recours à

---

(1) *Politique sacrée*, liv. I, art. IX.
(2) *Ibidem*, Épître dédicatoire.

l'adresse et à une sorte de compromis ; il voile plutôt qu'il ne discute et résout la question. On voit qu'il marche sur des charbons ardents.

Dans la crainte qu'on n'abuse de ses concessions, et qu'on ne lui impute d'introduire de son chef des maximes propres à affaiblir l'autorité royale, il en jette la responsabilité sur les savants qui avant lui ont traité ces matières, et il en atténue la portée. Si, d'après eux, il admet un contrat social, il dit aussitôt que ce contrat n'a eu lieu que *par l'autorité du prince* : comme si un pacte quelconque pouvait être imposé par autorité et n'était de son essence libre et volontaire. L'autorité du prince admise, elle existait donc antérieurement à la société qui pourtant *n'a été formée que par le pacte primitif.* Par quel autre contrat social antérieur cette autorité de valider la première convention politique lui avait-elle été octroyée? Quoi que vous répondiez, l'autorité du prince viendra originairement de la société, et non la société de l'autorité du prince.

Après avoir accordé que la loi fondamentale était le résultat d'un pacte solennel entre le prince et les citoyens, il nie que la validité des autres lois dépende du consentement du peuple. Pour adoucir ce que cette décision a d'inique et d'inconséquent, il ajoute aussitôt que le prince n'a d'autre intérêt que celui du public (et celui que les passions lui présentent sous mille formes); qu'il est assisté des plus sages têtes de la nation (les têtes que le prince juge en même temps les plus dociles); qu'il est appuyé sur l'expérience des siècles passés (expérience dont il n'adopte que ce qui convient au pouvoir absolu, et dont il abstrait ce qui le contrarie, l'élection et la confirmation des rois, par exemple, le vote de l'impôt par le peuple et la convocation des états-généraux).

Bossuet avec raison a craint qu'on ne l'accusât de vouloir affranchir les souverains du frein sacré des lois; il détourne cette odieuse imputation. « Les « rois sont donc soumis comme les autres à l'équité « des lois, et parce qu'ils doivent être justes, et « parce qu'ils doivent aux peuples l'exemple de gar- « der la justice. Mais ils ne seront pas soumis aux « peines de la loi : ou, comme parle la théologie, ils « sont soumis aux lois non quant à la puissance coac- « tive, mais quant à la puissance directive (1). » Voilà, moyennant une distinction théologique, les souverains maîtres de faire tout ce qu'ils voudront; ils ne seront point soumis à la puissance coactive des lois, mais seulement à la puissance directive qu'eux-mêmes dirigeront. Au reste, l'impérieuse nécessité de ne point poursuivre le prince pour désobéissance aux lois, et la nécessité plus impérieuse encore de lui ôter le pouvoir d'abuser de cette prérogative ne peuvent être parfaitement

____

(1) *Politique sacrée*, liv. **IV**.

conciliées que dans le gouvernement représentatif.

Notre grand casuiste politique avoue bientôt franchement les conséquences des doctrines qu'il a posées. « Les sujets n'ont à opposer à la violence « des princes que des remontrances respectueuses, « sans mutinerie et sans murmure, et des prières « pour leur conversion (1). » Cette conclusion était, on ne peut en douter, un des principaux motifs qui l'engagea à entreprendre son livre fondé en entier sur les *propres paroles de l'Écriture sainte.* Il a donc été cruellement embarrassé des exemples qu'offre la Bible en tout contraires à cette pacifique résignation des sujets aux mauvais traitements de leurs maîtres. Ce n'est pas peu de chose que d'avoir à justifier la révolte de David rassemblant quatre cents bandits avec lesquels il rançonne le pays, émigrant chez Achis, roi des Philistins, et se mettant à son service. Il n'est guère plus aisé de justifier les Machabées prenant les armes contre leurs *légitimes souverains.* Le cas est d'autant plus épineux que cette double révolte est approuvée par le livre dans lequel *Dieu décide de tout.* Voyons comment s'en est tiré l'habile théologien.

« David, persécuté par Saül, ne se contenta pas « de prendre la fuite, mais encore il rassembla ses « frères et ses parents. Tous les mécontents, tous

______

(1) *Politique sacrée*, liv. **IV.**

« ceux qui étaient accablés de dettes, et dont les
« affaires étaient en mauvais état, se joignirent à
« lui au nombre de quatre cents, et le firent leur
« capitaine (1). » On ne peut condamner David
d'avoir accepté contre son roi le commandement
d'une petite troupe, en voici la raison : « Ce n'était
« pas un sujet comme les autres; il était choisi de
« Dieu pour succéder à Saül, et déja Samuel l'avait
« sacré (2). » Il faut convenir de la validité de cette
preuve, ou refuser à Dieu le droit de choisir pour
roi qui bon lui semble et de conférer la légitimité
par le sacre. Il n'en reste pas moins comme vérité
de fait que Dieu approuve quelquefois la révolte
des individus contre leurs souverains. Passons aux
Machabées, et voyons comment les peuples ont aussi
dans certains cas le droit de secouer le joug des
maîtres injustes.

« Les Juifs, conquis par les Assyriens, étaient pas-
« sés successivement sous la puissance des Perses,
« sous celle d'Alexandre, et enfin sous celle des
« rois de Syrie.

« Il y avait environ trois cent cinquante ans qu'ils
« étaient dans cet état, lorsque les persécutions
« d'Antiochus l'Illustre leur firent prendre les armes
« contre lui sous la conduite des Machabées. Ils
« firent long-temps la guerre, durant laquelle ils

---

(1) *Politique sacrée*, liv. VI, art. 11.
(2) *Ibidem.*

« traitèrent avec les Romains et avec les Grecs,
« contre les rois de Syrie, leurs *légitimes souverains*,
« dont enfin ils secouèrent le joug, et se firent princes
« de leur nation.

«Voilà une révolte manifeste, ou si ce n'en est
« pas une, cet exemple semble montrer qu'un gou-
« vernement tyrannique, et surtout une violente
« persécution où les peuples sont tourmentés pour
« la *véritable religion* les exempte de l'obéissance
« qu'ils doivent à leurs princes.

« Il ne faut nullement douter que la guerre des
« Machabées ne fût juste, puisque Dieu lui-même
« l'a approuvée (1). »

Bien qu'il semble qu'il n'y ait rien à ajouter à la
défense d'une cause que Dieu lui-même a trouvée
juste, Bossuet néanmoins a jugé à propos d'expliquer les motifs qui ont déterminé Dieu à approu-
ver la révolte des Juifs sous les Machabées. Voici
la série de ses idées à ce sujet. Antiochus était un
persécuteur; il menaçait l'existence du peuple juif
de laquelle dépendait le sort de la *véritable reli-*
gion; il était donc nécessaire que le peuple juif ne
fût pas exterminé. Dieu, il est vrai, pouvait changer le cœur et la conduite d'Antiochus, mais « c'est
« à Dieu à choisir les moyens de sauver son peu-
« ple (2). » Il a choisi celui de permettre que les

----

(1) *Politique sacrée*, liv. VI, art. III.
(2) *Ibidem.*

Juifs se révoltassent et réussissent dans leur révolte;
personne n'a droit de trouver mauvais ce qui a mérité l'approbation de la Divinité.

D'après l'ensemble des doctrines que nous venons
d'exposer, on serait peut-être tenté de croire que
Bossuet ne reconnaît d'autres droits que ceux des
souverains. On serait dans une grave erreur. S'il
refuse aux peuples tout droit, si ce n'est celui de
se plaindre, il regarde comme sacrées et inviolables
toutes les prérogatives du sacerdoce. « **Les rois ne**
« doivent pas entreprendre sur les droits et l'au-
« torité du sacerdoce : et ils doivent trouver bon
« que l'ordre sacerdotal les maintienne contre *toute*
« *sorte d'entreprise* (1). » De quelque côté que viennent les attaques contre le clergé, quelle que soit la
nature de ces attaques, les rois *trouvent bon* que
le clergé les repousse. Qu'ils ne se trompent néanmoins pas à la politesse de cette formule, l'expérience leur a appris ce qu'il en coûte à ceux qui
mécontentent le sacerdoce ; leur intérêt commun
est de vivre en bonne intelligence. « C'est pourquoi
« elles (la puissance temporelle et la puissance spi-
« rituelle) se doivent un secours mutuel (2). »

Et voici comment la puissance spirituelle qui, on
le sait, est infaillible, vient au secours de la puissance temporelle. « Le prince, en tant que prince,

---

(1) *Politique sacrée*, liv. **VI**, art. **III**.
(2) *Ibidem*.

« n'est pas regardé comme un homme particulier :
« c'est un personnage public, *tout l'état est en lui,*
« *la volonté de tout le peuple est renfermée dans la*
« *sienne.* Comme en Dieu est renfermée toute per-
« fection et toute vertu, ainsi toute la puissance des
« particuliers est réunie dans la puissance du prince.
« Quelle grandeur qu'un seul homme en contienne
« tant (1) ! »

Une main lave l'autre ; service pour service : en
retour des services rendus par le clergé, « Le prince
« doit employer son autorité pour détruire dans
« ses états les fausses religions... Jéhu est loué de
« Dieu pour avoir fait mourir les faux prophètes
« de Baal, qui séduisirent le peuple, sans en excep-
« ter un seul : et en cela il ne fit qu'imiter le zèle
« d'Élie.

« Nabuchodonosor fit publier par tout son em-
« pire un édit où il reconnaissait la gloire du Dieu
« d'Israël, et condamnait sans miséricorde ceux qui
« blasphémaient son nom (2). »

Telle est l'antique alliance du trône et de l'autel !

____

(1) *Politique sacrée*, liv. V, art. IV.
(2) *Ibidem*, liv. VII, art. III.

CHAPITRE VIII.

Souveraineté héréditaire des dynasties.

> *Cui mens divinior, atque os*
> *Magna sonaturum.*   (HORACE.)
> Nous ne lui refusons ni un esprit divin, ni
> la puissance de parole du poète.

Quelque abondantes et magnifiques que soient les eaux d'un fleuve, elles ne peuvent se porter de préférence sur une de ses rives sans qu'elles baissent sur la rive opposée. De même les qualités éminentes d'un grand talent en marquent le côté faible. L'écrivain qui a le mieux su ce qu'il voulait dire, qui a mis le plus de netteté dans son expression, Voltaire manque d'entraînement et de chaleur; J. B. Rousseau, insurpassable pour l'arrangement des mots et l'artifice de sa période, est pauvre d'idées; son homonyme, d'une imagination enthousiaste, outre la pensée et le sentiment. M. de Châteaubriand a dû aussi expier son génie; il projette une lumière resplendissante sur les objets qu'il examine, mais il s'éblouit en éblouissant le lecteur; il dit chaleureusement ce qu'il voit, mais

il voit autre chose que la réalité ; son style est en-
castré de pierres brillantes, qui souvent ne sont
que des pierres ordinaires taillées avec art, mais
qui souvent aussi sont des diamants. Dominé par
de nobles sentiments humains, politiques et religieux ; il ne se retient pas assez dans son élan,
dépasse le but ou ne frappe qu'à côté ; sa conscience
est impartiale, nous n'oserions dire son jugement.

Ces réflexions nous ont été principalement sug-
gérées par la dernière brochure de l'illustre écrivain (1), dans laquelle, exerçant un patronage plus
que royal, il ôte et donne la plus belle couronne
de l'univers. Nous allons examiner ses doctrines
dans leur principe et leur application. Si l'on nous
dit que nous arrivons un peu tard pour parler d'un
ouvrage qui, pendant une semaine, a fait événe-
ment, qui a été un sujet d'ovation pour les partis
opposés, et que de prétentieux patriotes de juillet
ont affirmé valoir à Henri V plus qu'une armée de
trois cent mille hommes, nous répondrons que
nous nous félicitons de n'entrer dans l'arène que
lorsqu'elle est libre des passions qui s'y étaient
ameutées. On ne pourra nous dire que nous pré-
tendons faire effet en saisissant la première occasion de nous attaquer à l'homme le plus illustre de
France dont nous vénérons le noble caractère, qui

____

(1) L'auteur écrivait ceci au mois de décembre 1831.

ira à la postérité à la tête de nos plus grands écrivains, et à qui l'histoire réserve une de ses plus
belles pages pour avoir exercé une puissante et
salutaire influence sur les opinions et les sentiments de l'époque où il a vécu. Il a eu, au reste,
le sort de tous les hommes qui devancent leur siècle,
et qui, justes envers toutes les opinions, ont le
courage de renier ce que chacune a de faux, et celui plus grand encore d'avouer ce que chacune a
de vrai ; il n'a satisfait à aucun parti, trop libéral
pour les uns, trop monarchique pour les autres.

Principes de M. de Châteaubriand touchant la souveraineté du peuple.

Pour apprécier exactement les opinions d'un
écrivain, il est bon de savoir d'abord ce qu'en lui
est l'homme ; M. de Châteaubriand, pour ce qui le
concerne, n'a pas voulu nous le laisser ignorer.
« Quant à moi, dit-il, qui suis républicain par ca-
« ractère, monarchiste par raison, et bourboniste
« par honneur (1). » Il écrit donc sous la dictée de
l'honneur, guide capricieux qui déploie toutes les
couleurs et s'enrôle sous toute sorte de bannières.
Mais comme les dix-neuf vingtièmes de la France
entendent l'honneur politique autrement que lui,

---

(1) *De la nouvelle Proposition*, etc., page 26.

dans un sens non bourboniste, sa brochure, pleine
d'hostilités contre un ministère à qui en veulent
tous les partis, a bien pu lui faire une infinité de
prôneurs, mais elle n'a converti que bien peu de
monde à ses idées.

Sa haute raison ne s'est point oubliée jusqu'à se
retrancher et s'ancrer dans le *droit divin*, qui légitime les rois par cela seul qu'ils sont fils de rois,
et indépendamment de la volonté des peuples ; il
comprend parfaitement son siècle qu'il domine sous
plusieurs rapports. « Il faut prendre la nation telle
« qu'elle est, les faits tels qu'ils sont, entrer dans
« l'esprit de son temps afin d'avoir action sur cet
« esprit. On veut aujourd'hui une monarchie de
« raison et non de sentiment..... La légitimité est
« une religion dont la foi est morte..... Elle ne tire
« plus son pouvoir d'elle-même (1). »

Conséquent avec lui-même, il ne reconnaît dans
l'ancienne légitimité que l'expression de la volonté
nationale. « L'ancienne légitimité n'était autre chose
« que la volonté nationale personnifiée et mainte-
« nue dans une famille (2)..... Cet enfant (Henri V)
« porte en lui, par l'ancienne volonté nationale
« introduite dans ses veines, et mêlée à son sang,

---

(1) *De la nouvelle Proposition*, etc., pages 42 et 43.
(2) *Ibidem*, page 104.

« la vertu de donner à nos libertés une durée sa-
« lutaire (1). »

L'ancienne volonté nationale qui est entrée dans
les veines des rois qu'elle a faits légitimes en se
mêlant à leur sang, n'imprimant point un caractère ineffaçable, transmis de père en fils, et ne dés-
héritant point de leur volonté les générations nouvelles, quels moyens auront celles-ci de la manifester? Les mêmes moyens qu'ont eus les premières,
l'élection. « La légitimité était en France l'ouvrage
« de mille années : nos pères avaient proclamé la
« monarchie de Hugues Capet en élevant ce Fran-
« çais au trône (2)..... Afin que la couronne élective
« soit légitime (et rien n'existe sans légitimité), be-
« soin est que la nation convoquée en fasse le
« don (3)..... Je ne crois pas au droit divin de la
« royauté, et je crois à la puissance des révolutions
« et des faits..... l'idolâtrie du nom est abolie (4). »

Le principe de la convocation de la nation à
l'effet de statuer sur l'espèce de gouvernement
qu'elle adoptera, prouve évidemment que la légi-

---

(1) *De la nouvelle Proposition*, etc., page 109.

(2) *Ibidem*, page 103.

(3) *Ibidem*, etc., page 105.

(4) Discours prononcé par M. de Châteaubriand à la chambre
des pairs, le 19 août 1830. Dans la petite brochure néanmoins
qui a suivi celle que nous examinons, il prétend ne pas croire
à la souveraineté du peuple ; nous le prions de s'accorder avec
lui-même.

timité des rois ne dérive que de la souveraineté du peuple; car si le peuple n'était de droit souverain, ses actes et les rois qu'il nommerait seraient contre le droit et illégitimes. Sur ce point, il y a eu progrès dans la philosophie de M. de Châteaubriand; car, le 19 août 1830, voici comment il s'exprimait sur la souveraineté du peuple. « Je sais qu'en éloi- « gnant cet enfant on veut établir la souveraineté « du peuple : niaiserie de l'ancienne école, qui « prouve que, sous le rapport de la politique, nos « vieux démocrates n'ont pas fait plus de progrès « que les vétérans de la royauté. » Quoi qu'il en soit de ce qu'il pensait autrefois, nous allons le suivre dans les applications qu'il fait de ses nou- velles doctrines, en nous conformant aux divisions qu'il a établies dans sa brochure.

Application des principes de M. de Châteaubriand.

République. Tout républicain par caractère qu'il se dise, M. de Châteaubriand convient que lors de la révolution de juillet, les Français ne voulaient pas être républicains. « Il paraît vraisemblable, « qu'après les journées de juillet, la France ne « l'eût pas adoptée (la république); il paraît en- « core plus vrai que nos mœurs ne l'auraient pas « soutenue (1). » Il abandonne donc la démocratie,

______

(1) *De la nouvelle   roposition*, etc., page 29.

mais ce n'est que provisoirement ; plus fidèle à son caractère qu'à sa *raison monarchique* et à son *honneur bourboniste*, il adopte les monarchies constitutionnelles dans des vues républicaines, et il ne veut de la royauté que comme transition à la république. « La France, pendant les seize années de « la restauration, a fait des progrès en politique ; « mais il nous eût fallu trente ou quarante ans de « monarchie constitutionnelle, sans révolution, pour « nous apprendre le sobre usage de nos libertés…. « Peu à peu la liberté abaissant ce qu'elle avait de « trop haut, se fût convertie en une espèce de pré- « sidence royale….. Si l'avenir de l'Europe eût été « conduit dans sa pente ; si l'on eût avancé dans « l'avenir à travers ces monarchies constitution- « nelles légitimes, il aurait été républicain (1). » Ceci est fait pour donner des regrets aux amis des institutions démocratiques, mais non certes aux rois absolus, et même aux rois constitutionnels, qui ne seront guère flattés de la perspective que d'ici à trente ans leur offre l'illustre publiciste, et qui se trouvent mieux assis sur un trône que sur le fauteuil d'un président américain. Les principes politiques que nous avons établis dans nos livres, tirés des besoins et des facultés de la nature humaine, ne sont pas ainsi menaçants pour les rois, dont

______

(1) *De la nouvelle Proposition*, etc. , page 29.

ils légitiment les droits ainsi que ceux des peuples, en les faisant dériver de la même source.

Renouvellement total de la race royale. « La ré- « publique rejetée après les journées de juillet, « se présentait la question du renouvellement total « de la race royale. Beaucoup de raisons militaient « en faveur de cette opinion (1). » Voici ces raisons : 1° *Aucun parti n'a des reproches à faire au roi noùveau choisi hors de la race royale* (excepté les amis de cette race). 2° *Le nouveau roi n'a ni pré- jugés, ni rancunes, personne à punir, personne à récompenser.* Il le faut donc supposer totalement étranger à la révolution qui lui a donné la cou- ronne, supposition inadmissible, car une nation ne se donne pas pour roi un homme nul et sans antécédents remarquables. 3° *N'a-t-il qu'une royauté circonscrite, il ne se plaint pas.* Du moment que vous lui aurez laissé le nom et le titre de roi, il aspirera à en avoir la puissance et les prérogatives, et c'est le motif pour lequel les hommes à institu- tions républicaines veulent tout doucement n'en faire qu'un président.

En renouvelant totalement la race royale, « on « efface sans anomalie, sans blesser des sentiments « honorables, tout ce qui rappelle la royauté dé- « chue, laquelle ne présente plus qu'un intérêt his-

---

(1) *De la nouvelle Proposition*, etc., page 29.

« torique (1). » Que la dynastie déchue soit rempla-
cée par quelqu'un qui n'avait avec elle aucun lien
de parenté, qu'elle ait pour successeur un prince
qui lui était uni par le sang, je ne vois point en
quoi l'anomalie est plus ou moins grande, ni qu'en
servant le premier on montre une fidélité plus honorable qu'en servant le second; qui s'est séparé des
Bourbons pour servir Bonaparte peut à tout aussi
bon droit s'en séparer pour servir Louis-Philippe.
On pourrait même dire, avec quelque raison, que
ce serait montrer une sorte de déférence envers ses
anciens maîtres, lorsqu'ils ont perdu le pouvoir,
que de le transmettre à quelqu'un de leurs parents.

« Tout est donc clair dans le choix d'une race
« nouvelle; c'est, comme dans le cas d'une répu-
« blique, une mesure complète (2). » Il est dom-
mage qu'à cette mesure nette et complète s'oppose
une difficulté qui n'est point petite, puisqu'elle
n'est autre chose que *l'impossibilité.* « Mais ici gi-
« sait la difficulté dans le choix de l'homme. A
« l'intérieur, était-il possible de trouver une famille
« assez respectée pour être obéie? à l'extérieur,
« pouvait-on emprunter un roi? Quand ce souve-
« rain eût apporté en dot à la France des frontières

---

(1) *De la nouvelle Proposition*, etc., page 30.
(2) *Ibidem*, page 31.

« désirables, jamais le sang français ne se serait
« soumis à la domination d'un sang étranger (1). »
Si M. de Châteaubriand eût commencé ce paragraphe par où il l'a fini, il aurait pu se dispenser de
dire la plus grande partie de ce qui a précédé, car
c'est temps perdu que discuter l'opportunité d'une
mesure reconnue impossible. Lorsqu'on a à s'excu-
ser de ne point avoir tiré le canon qu'on n'a pas,
le plus tôt fait est de dire qu'on n'a pas du canon;
mais il n'y a plus matière à harangue. L'auteur,
pour ne point faire des ennemis au parti dont il
cherche à assurer le triomphe, aura voulu ménager
et les républicains dont il avoue que la France ne
veut pas, et les monarchistes indépendants qui ne
tiennent ni au nom, ni à la famille du souverain,
mais seulement à la chose monarchique. Il va faire
de même à l'égard des partisans de Napoléon II.
Il ne fait une guerre ouverte et à outrance qu'aux
ministériels et aux hommes du *juste milieu*, parce
qu'il sait bien que ceux-là ont pour eux les principes et le pouvoir, et que leur position et leurs
idées repoussent invinciblement Henri V. « Dans
« l'année 1574 se forma le parti des *politiques* ou
« DES CENTRES qui l'emportèrent à la fin, comme
« dans toute révolution, parce que c'est celui des

---

(1) *De la nouvelle Proposition*, etc., page 31.

« raisonnables, et que la raison est une des condi-
« tions de l'existence sociale (1). »

Le duc de Reichstadt. Le grand écrivain qui déja
avait paré et encensé le berceau du roi de Rome,
le touche encore de sa baguette magique et l'environne des prestiges de son imagination. Il n'hé-
site pas à lui accorder une légitimité du même
ordre que celle de Henri V. « Le duc de Bordeaux,
« héritier d'une grande race ; le duc de Reichstadt,
« héritier d'un grand homme ; ces deux légitimités
« qui, à différentes distances dans le temps, avaient
« une source semblable, l'élection populaire, pou-
« vaient également convenir à la France. Ce que
« l'antiquité conférait au duc de Bordeaux, le duc
« de Reichstadt le puisait dans l'illustration pater-
« nelle. Napoléon avait marché plus vite que toute
« une lignée : haut enjambé, dix ans lui avaient suffi
« pour mettre dix siècles derrière lui (2). » Si la
gloire a le droit de conférer la légitimité des temps,
ne le refusons pas à la révolution de juillet, qui a
fait aussi ses enjambées de plusieurs siècles.

Il appelle encore autour du fils de Napoléon
toutes les pompes du style. « Un sacre par les
« mains du souverain pontife ; la noblesse par la
« fille des Césars..... Le descendant des victoires.....

---

(1) *Études historiques*, tom. IV, page 294.
(2) *De la nouvelle Proposition*, etc., page 32.

« Le drapeau tricolore de nouveau emporté par les
« aigles qui planèrent sur tant de champs de ba-
« taille..... Le royaume redevenu *empire* (1). » Vous
croyez d'après cela qu'il n'y a plus qu'à crier : Vive
le roi ! ou plutôt vive l'empereur ! point du tout ;
ne voilà-t-il pas que vient la terrible particule ad-
versative qui annule tant de titres si magnifique-
ment étalés. « *Mais* l'éducation étrangère du duc de
« Reichstadt, les principes d'absolutisme qu'il a dû
« sucer à Vienne, élevaient une barrière entre lui
« et la nation ; on aurait toujours vu un Allemand
« sur un trône français, toujours soupçonné un
« cabinet autrichien au fond du cabinet des Tuile-
« ries ; le fils eût moins semblé héritier de la gloire
« que du despotisme du père (2). » Ainsi, en dépit
de tant de titres à la couronne de France que présentait le duc de Reichstadt, elle ne lui a point été
et n'a point dû lui être décernée. « La république,
« un prince de race toute nouvelle et l'héritier de
« Napoléon exclus, venait le duc de Bordeaux (3). »
Dans le paragraphe qui suit, l'auteur, comme on
peut bien l'imaginer, ne tirera point des conclu-
sions en opposition à ses prémisses.

Le duc de Bordeaux. « Les avantages de ce choix

----

(1) *De la nouvelle Proposition*, etc., pag. 32 et 33.
(2) *Ibidem*, page 34.
(3) *Ibidem*, 35.

« étaient évidents (1). » Évidents aux yeux des hommes du *droit divin*, mais non à ceux des républicains, des publicistes indépendants de toute doctrine imposée par autorité, des partisans de Napoléon II, dont l'auteur s'est plu à valider les droits, et du nombre immense surtout des libéraux ardents, à qui tout ce qui touche aux Bourbons est odieux.

« Ce choix éloignait toute crainte de guerre civile « et étrangère (2). » Dites plutôt rendait inévitable la guerre civile, d'où serait sortie la guerre étrangère. Nous étions aussi à Paris aux journées de juillet, mêlés à nos concitoyens, et les yeux bien ouverts : nous nous sommes convaincus que la nomination de Henri V était alors impossible ; que ceux qui l'auraient tentée en auraient soudain été victimes, ou que, s'ils avaient pu balancer le succès, il s'en serait suivi une effroyable lutte qui aurait bouleversé la France et appelé les baïonnettes étrangères. L'illustre écrivain doit en être convaincu lui-même, car après avoir énuméré les forces de son parti, dénoncé les fautes du ministère, accusé la faiblesse du gouvernement de Louis-Philippe, rendu suspectes à notre égard les intentions des souverains de l'Europe, on croirait que tout est mûr pour le

---

(1) *De la nouvelle Proposition*, etc., page 35.
(2) *Ibidem.*

rappel du duc de Bordeaux, et qu'il n'y a plus qu'à lui dépêcher une députation et une escorte; point du tout, il résulte de ce qu'il dit qu'une nouvelle restauration est plus que problématique. Une des singularités de son opuscule est que le panégyrique qu'il contient de la république, d'un changement total de race, de Napoléon II, se termine par les écarter et les déclarer inadmissibles. Non moins malheureux dans son autre patronage, il met au retour de Henri V des conditions qui le rendent impossible. Nous allons le montrer.

On aurait cru que les partisans de Henri V seraient peut-être fondés à compter sur la Vendée pour le rétablir sur le trône de ses aïeux; M. de Châteaubriand les en dissuadera et leur ôtera toute éspérance à cet égard. « La Vendée, précipitée sans « être attaquée dans une guerre civile, verserait en « vain son sang. Lorsqu'elle était dans toute sa « puissance, a-t-elle transporté Louis XVII de la « tour du Temple au château de Versailles? Ce « qu'elle n'a pu faire pour l'orphelin captif, le « pourrait - elle pour l'orphelin banni (1)? » Il montre également le peu de succès qu'on devrait attendre du recours à la force de la part des royalistes du Midi et de quelques autres parties de la France. « Au temps où nous vivons, il ne peut y

____

(1) *De la nouvelle Proposition*, etc., page 145.

« avoir que des guerres civiles entre des idées et
« des opinions diverses (1).... L'exemple tiré du
« Béarnais n'est pas applicable au temps où nous
« sommes (2). »

En convenant que le rappel du duc de Bordeaux
ne peut avoir lieu au moyen des partisans qu'il a
dans l'intérieur, il serait peut-être loisible d'espérer que ce qui a eu lieu une fois aura lieu une
seconde, et que les armes qui ont remis sur le trône
Louis XVIII pourraient aussi y replacer son petit-
neveu. M. de Châteaubriand va dissiper cette illu-
sion. « Faudrait-il compter sur les armées étran-
« gères? L'Europe n'a jamais voulu rétablir en
« France la famille déchue : au congrès de Châtil-
« lon, il n'était pas question de rappeler Louis XVIII;
« après la bataille de Waterloo, il était question
« de l'exclure; ce fut par une nécessité politique
« que l'autorité revint aux enfants de saint Louis.
« Si l'Europe prenait aujourd'hui les armes contre
« nous; si par malheur elle se servait du nom du
« duc de Bordeaux, ce nom ne serait que le voile
« des projets les plus sinistres. L'Europe victorieuse
« exigerait le démembrement de la patrie de Henri V
« et la perte de toutes les libertés nationales (3). »
Républicains, indépendants, napoléonistes, monar-

---

(1) *De la nouvelle Proposition*, etc., page 144.
(2) *Ibidem.*
(3) *Ibidem*, page 145.

chistes, constitutionnels, nous voilà dûment aver-
tis, et n'en croyons pas à M. de Châteaubriand,
s'il revenait à l'opinion qu'en 1830 il émettait à la
chambre des pairs. « Étrangers, qui deux fois êtes
« entrés à Paris, sachez la vraie cause de vos succès :
« vous vous présentiez au nom du pouvoir légal. »

Après avoir montré que les trois moyens dont
nous venons de parler sont sans efficacité, il oppose au rétablissement de son candidat une terrible objection à laquelle il n'a point, je crois, répondu d'une manière satisfaisante. « Chose étrange
« et curieuse ! l'éducation des *deux cousins* est pré-
« cisément ce qui met le plus grand obstacle à leurs
« prétentions respectives. » (Il n'y a rien d'étrange
et de curieux à ce que l'éducation apporte des obstacles à des prétentions quelconques; le curieux
et l'étrange serait qu'elle n'en apportât pas.)« Mais
« le duc de Reichstadt est un homme, le duc de
« Bordeaux est un enfant; on peut amender dans
« celui-ci ce qu'on ne saurait plus corriger dans
« celui-là (1). » Le duc de Bordeaux est un enfant;
oui, mais un enfant de onze ans élevé dans l'esprit
sacerdotal et absolutiste. Nous le demandons à tous
ceux qui ont étudié la jeunesse et le cœur humain, si
l'on se défait d'opinions aussi enivrantes pour l'orgueil qu'on a sucées et dont on a été comme imbibé

---

(1) *De la nouvelle Proposition*, page 140.

jusqu'à cet âge. Qu'il nous soit permis de répéter ce qu'en 1830 nous répondions à M. de Châteaubriand. « Dire qu'un enfant qui a été pendant dix « ans entre les mains d'un prêtre habile et ambi« tieux, qui l'a rempli d'idées sacerdotales, et fa« çonné aux pratiques du bigotisme; à qui on n'a « cessé de prêcher et d'inculquer le dogme de la « légitimité divine; à qui l'idolâtrie d'une cour ser« vile a persuadé qu'il était plus qu'un homme; « dire que cet enfant perdra jusqu'au nom de ses « maîtres; qu'il oubliera les leçons qui justifieront « son orgueil, et les dogmes qui en faisaient une « espèce de dieu sur la terre; qu'il prendra *l'amour* « du gouvernement constitutionnel et les idées de « son siècle : que le souvenir des nuits de juillet le « rendra plus patriote, et non plus circonspect et « plus haineux; est-ce bien connaître la marche du « cœur humain? Est-ce bien raisonnable (1)? »

Quoique aveuglé par son honorable fidélité, l'auteur sent lui-même l'impossibilité de l'amendement dans les idées et les sentiments du roi de son choix. « Si le duc de Bordeaux remontait demain sur le « trône, pense-t-on que je me berce du songe d'être « auprès de lui un personnage important? Non; je « serais écarté (2). » Accuser d'une ingratitude an-

---

(1) *Observations sur la révolution de* 1830, page 35.

(2) Voyez la petite brochure de **M.** de Châteaubriand, qui **a** fait suite à celle dont nous nous occupons.

ticipée le prétendant et ses entourages est leur
porter malheur et les frapper d'anathème. Il n'est
pas de bonne qualité que n'exclue, et de mauvaise
que ne suppose l'ingratitude. Aussi l'auteur sent
qu'avant tout il faut travailler à la réformation du
royal élève. « Le dernier-né du Béarnais doit se
« mêler aux enfants de son âge, aller aux écoles
« publiques, apprendre tout ce que l'on sait au-
« jourd'hui. Qu'il devienne le jeune homme le plus
« éclairé de son temps; qu'il soit au niveau des
« sciences de l'époque; qu'il joigne aux vertus d'un
« chrétien du siècle de saint Louis les lumières d'un
« chrétien de notre siècle; que les voyages l'in-
« struisent des mœurs et des lois; qu'il ait traversé
« les mers, comparé les institutions et les gouver-
« nements, les peuples libres et les peuples esclaves;
« que, simple soldat, s'il en trouve l'occasion à l'é-
« tranger, il s'expose aux périls de la guerre, car
« on n'est point apte à régner sur des Français sans
« avoir entendu siffler le boulet (1). » Pour ceux
qui connaissent les préjugés des personnages qui
composent la cour de Holy-Rood, attacher le rappel de Henri V à l'adoption d'une telle éducation
est l'ajourner indéfiniment, ou plutôt le rendre
impossible. M. de Châteaubriand veut que ce soit
la mère du duc de Bordeaux qui prépare et soigne

---

(1) *De la nouvelle Proposition*, etc., page 146.

7.

cette éducation : mais elle est allée loin de la brumeuse Écosse respirer l'air du beau ciel de Naples, laissant le jeune *orphelin* au milieu de l'air monacal et despotique des salles du palais des Stuarts, « asile « de mauvais augure, qui semble étendre l'ombre « de la fatalité sur sa jeunesse (1). » On sent que l'illustre écrivain si fier, si triomphant dans ses paroles, n'est rien moins que cela dans le secret de ses opinions, et que pour le succès des prétentions de son candidat il a besoin d'une intervention surhumaine. « Enfin, si la Providence inclinait vers lui « la volonté des Français (2). » La Providence n'est que la sagesse suprême dirigeant les choses d'ici-bas dans les voies qu'elle leur a primitivement tracées. Lui demander d'interrompre le cours naturel des choses et d'agir par un acte spécial sur la volonté de tout un peuple est recourir aux miracles; et l'on sait qu'on ne les invoque que dans les causes désespérées.

Les preuves que l'auteur emploie dans son plaidoyer (car c'est ainsi qu'il nomme sa brochure) sont autant négatives que positives. Il prétend surtout prouver les droits de son client en montrant la nullité de ceux de Louis-Philippe. Ici l'honorable athlète a rassemblé toutes ses forces et re-

---

(1) *De la nouvelle Proposition*, etc., page 148.
(2) *Ibidem*.

couru à toutes ses ressources pour mettre en défaut son adversaire. Plus amis de la vérité que craintifs du retour de Henri V, nous examinerons son argumentation sans chercher à l'affaiblir et sans rien déguiser, et nous serons assez heureux pour pouvoir la renverser par les principes mêmes sur lesquels il l'appuie.

Monarchie de la branche cadette des Bourbons. Partons de principes que l'illustre publiciste ne récusera pas, puisque ce sont les siens propres. « Il « n'y a point d'usurpation là où la monarchie est « élective, on l'a déja remarqué ; c'est l'hérédité « qui dans ce cas est usurpation (1)..... Quant à « l'ancienne école, je lui nie sa doctrine de l'héré- « dité des rois ; je soutiens que l'élection était par- « tout ; qu'il ne pouvait y avoir usurpation là où il « y avait élection (2). »

« Traiter d'usurpation l'avénement de Pepin à la « couronne, c'est un de ces vieux mensonges his- « toriques qui deviennent des vérités à force d'être « redits (3)..... Le pape Zacharie, consulté par Pe- « pin, eut raison de répondre : Il me paraît bien « utile que celui-là soit roi, qui, sans en avoir le « nom, en a la puissance, de préférence à celui qui,

---

(1) *Études historiques*, tom. III, page 114.

(2) *Ibidem*, Préface, cxvi.

(3) *Ibidem*, tom. III, page 243.

« portant le nom de roi, n'en garde pas l'auto-
« rité (1). »

« Il faut dire de la royauté de Hugues Capet ce
« que j'ai dit de celle de Pepin : Il n'y eut point
« d'usurpation, parce qu'il y eut élection; la légi-
« timité était un dogme inconnu (2). »

Comme, d'après M. de Châteaubriand, l'hérédité
en France était usurpation, que l'usurpation n'est
pas droit, et que la prescription ne peut être in-
voquée contre une nation qui n'a point de pouvoir
de se déshériter elle-même, encore moins de déshériter les générations à venir, voilà le droit d'é-
lection manifestement reconnu au peuple français.
Il en était pleinement propriétaire le 7 août 1830,
tant par son indépendance naturelle que par ses
traditions politiques. Il s'agit donc uniquement de
savoir si le peuple français a bien véritablement
élu Louis-Philippe roi, à l'époque de la révolution
de juillet.

Notre illustre antagoniste nous dira que, sans
contester au peuple français le droit d'élection, il
ne devait en user qu'en cas de vacance du trône;
que le trône, il est vrai, était vacant pour Charles X
et le dauphin, mais non pour le duc de Bordeaux.
« Celui-ci est un orphelin âgé de onze ans, qui ne

____

(1) *Études historiques*, pages 244 et 245.
(2) *Ibidem*, page 293.

« peut être accusé d'aucun délit, et on le bannit;
« on livre la couronne à son plus proche héritier,
« comme en Angleterre on la fit passer de Jacques
« à Marie (1). » Le droit d'élection, répondrons-
nous, est indépendant de la vacance du trône.
Les Français d'ailleurs n'ont fait en 1830 que ce
que les Anglais, dont vous approuvez la révolution,
ont fait en 1688. Mais « si le fils de Jacques eût été
« protestant et remis à la puissance parlementaire,
« les Anglais ne l'auraient pas exclu du trône (2). »
Ainsi donc l'accusation de protestantisme a légitimement déshérité le légitime héritier; pour nous,
l'accusation d'absolutisme est plus grave que celle
de protestantisme. « Cet enfant fut exclu du trône
« parce qu'il avait été transporté en France *pour y*
« *être élevé par les ennemis de la religion d'An-*
« *gleterre* (3). » Le duc de Bordeaux reste exclu du
trône parce qu'il a été transporté en Angleterre
pour y être élevé par les ennemis des institutions
de la monarchie constitutionnelle.

Voyons comment, dans ses *Études historiques*,
ouvrage plein d'indépendance et d'aperçus aussi
importants que nouveaux, M. de Châteaubriand a
jugé les prétendants qui étaient dans la position où

---

(1) *De la nouvelle Proposition*, etc., page 120.
(2) *Ibidem*, page 116.
(3) *Ibidem*.

se trouve Henri V. « D'un autre côté, les ducs d'A-
« quitaine refusèrent assez long-temps de se sou-
« mettre à Pepin ; nous les voyons jusque dans la
« troisième race renier Hugues Capet, et dater les
« actes publics : *Rege terreno deficiente, Christo*
« *regnante.....* C'était tout simplement une lutte
« entre un ancien fait et un fait nouveau, entre la
« première et la seconde race (1). »

Passons aux prétendants carlovingiens. « Charles,
« duc de Lorraine, fils de Louis d'Outre-Mer et
« oncle de Louis V, le dernier des Carlovingiens,
« fut un prétendant que repoussa la majorité des
« suffrages : voilà tout..... Charles mort en prison
« laissa deux fils qui ne régnèrent point, et auxquels
« on ne pensa plus (2). » Ce que M. de Châteaubriand a dit de Jacques II, d'Hunold, fils d'Eudes,
de Charles, duc de Lorraine, nous le disons de
Henri V. *C'est tout simplement une lutte entre un
fait ancien et un fait nouveau, entre la troisième
et la quatrième race ; il a été repoussé par la majorité des suffrages, voilà tout ; il ne régnera pas,
et l'on n'y songera plus.*

Louis-Philippe régnera, parce qu'il a été véritablement élu par la chambre des députés de 1830,
qui, en le nommant, n'a fait que se conformer à la

---

(1) *Études historiques*, tom. III, pages 245 et 246.
(2) *Ibidem*, page 293.

volonté nationale et à la nécessité des circonstances. De ce qui suit résultera la preuve de la vérité de ces assertions.

La chambre de 1830, dont la majorité deux fois élue aux acclamations de la France, avait montré une si ferme et si respectueuse résistance aux exigences d'un pouvoir tyrannique, se trouve tout à coup investie par les événements de l'obligation de sauver la Charte et la France. Différer de lui donner un gouvernement, ou plutôt de continuer celui qu'elle avait, avec les améliorations analogues à ses besoins, était s'exposer à tout perdre. On ne laisse pas impunément flotter au hasard pendant plusieurs mois, sans pouvoirs constitués, les passions de trente-deux millions d'hommes, dont toutes les situations viennent d'être ébranlées ou renversées par une grande commotion politique (1).

De ce qu'il y avait nécessité d'agir, il ne s'ensuit pas, dira-t-on, qu'il fallût élire Louis-Philippe roi. Nous nous servirons du dire même de nos adversaires pour prouver la nécessité de ce choix. Tout en faisant l'éloge de la république, ne sont-ils pas convenus que la France ne voulait pas être répu-

---

(1) « A l'instant que le peuple est légitimement assemblé en « corps souverain, toute juridiction du gouvernement cesse, et « la puissance exécutive est suspendue. » *Contrat social,* liv. III, chap. xiv.

blicaine? En vantant la double illustration que le duc de Reichstadt tenait de son père et de sa mère, n'ont-ils pas dit que la France n'aurait jamais vu en lui qu'un vice-roi autrichien? En exposant les avantages d'une race nouvelle, n'ont-ils pas déclaré qu'il n'y avait pas de citoyen français auquel les Français consentissent d'obéir, ni de prince étranger dont ils eussent voulu, même au prix de nos frontières reculées jusqu'à leurs anciennes limites? Restaient le duc d'Orléans et le duc de Bordeaux. Proposer ce dernier eût été proposer de défaire d'un coup la révolution de juillet, et se briser, sans chance de succès, contre la haine et l'indignation de la France.

Mais, poursuivront nos antagonistes, les innombrables destitutions dont nous avons été témoins, les mesures extraordinaires prises à l'égard des départements de l'Ouest et du Midi, le mécontentement des hommes du mouvement, prouvent que le vœu de la France en faveur de Louis-Philippe n'était pas aussi universel que nous l'avons prétendu. Cette objection renferme un anachronisme : les destitutions, le mécontentement de certains départements et de certains individus sont postérieurs à l'élection du roi de laquelle seule il s'agit ici, et ils ont pour cause le froissement de nombreux intérêts, qui résulte de toute révolution, et les intrigues de ceux dont ils blessent l'orgueil et détruisent la prééminence. Jugeons de l'intérêt qu'à l'époque de la nomination du roi on portait à la famille déchue, par se spectacle d'indifférence et de froideur dont elle fut accompagnée en traversant la Normandie pour se rendre en Angleterre. A côté de ce fait accablant, que sont les phrases romantiques des *mille ans noués à la tête du jeune orphelin, du roi des siècles, du passé couronné vivant au milieu de l'avenir* (1)?

La preuve éclatante et irréfragable de l'assentiment général de la nation à l'élection de Louis-Philippe est dans les députations des municipalités et des gardes nationales qui accoururent de tous les points de la France. Jamais élan ne fut plus universel et plus spontané; pour en être assuré, il ne faut qu'avoir eu des yeux et conserver la mémoire de ce qu'on a vu. Nous en avons pour garant le témoignage d'un grand citoyen, dont on peut ne point partager les opinions politiques, mais dont il faut vénérer le caractère, la droiture et la loyauté; il s'est plu à déclarer que les marques de zèle et d'affection que nous venons de mentionner n'étaient ni factices, ni mendiées, et qu'elles avaient été pleinement libres et volontaires; on doit croire surtout à sa véracité dans un point qui contrarie si fort quelques-uns des partisans de ses opinions politiques.

---

(1) *De la nouvelle Proposition*, etc., page 150.

La chambre des députés qui avait choisi pour roi le duc d'Orléans est dissoute, après avoir baissé le cens électoral et doublé le nombre des électeurs; les colléges électoraux sont assemblés. Nous le demandons, en est-il un seul qui ait réclamé contre la nomination de Louis-Philippe? N'a-t-on pas nommé le plus grand nombre de ceux qui avaient participé à cette élection? Dans la nouvelle chambre, où a été dit tout ce qui peut être dit contre le gouvernement, une seule voix s'est-elle fait entendre contre la légitimité de cette nomination? La presse, que certes on ne peut point accuser de n'être pas assez libre, les pétitions des citoyens en ont-elles demandé l'annulation? Rousseau, qu'on n'accusera pas de mitiger les principes de liberté, établit que le silence universel suppose le consentement du peuple. « Ce n'est pas à dire que les ordres ne puis- « sent passer pour des volontés générales, tant que « le souverain libre de s'y opposer ne le fait pas. En « pareil cas, du silence universel on doit présumer « le consentement du peuple (1). » Au reste, les passions démocratiques et royalistes qui, non plus que les autres passions, ne se piquent point de logique, après avoir refusé aux députés de 1830 le droit de nommer Louis-Philippe, ont reconnu à la chambre de 1831 le droit de s'investir spontané-

---

(1) *Contrat social*, liv. II, chap. 1.

ment du *pouvoir constituant* pour nous donner un nouveau gouvernement. Le 21 octobre 1831, la cour de cassation a déclaré en principe que nier que l'élévation au trône de Louis-Philippe et que la Charte du 7 août aient été l'œuvre de la volonté nationale est un crime contre l'état.

Les émeutes qui, à plusieurs reprises, ont soulevé les rues de la capitale et de plusieurs villes considérables, ont elles-mêmes hautement proclamé l'assentiment de la France à l'élection de Louis-Philippe. Ces émeutes, qui se sont éteintes comme un feu sans aliments, seraient devenues une conflagration générale si elles eussent trouvé des matières combustibles dans le reste de la nation. Pourquoi Paris et la France, aux journées de juillet, se levèrent-ils comme un seul homme? Parce qu'ils n'avaient qu'une même idée et qu'un même sentiment. Pourquoi sont-ils restés si calmes lorsque des fous ou des ambitieux ont voulu les soulever contre la royauté nouvelle? Pourquoi ont-ils réprimé carlistes et républicains avec les baïonnettes? parce qu'ils étaient unanimement persuadés qu'à son maintien sont attachés le repos et la liberté du pays (1).

----

(1) Les journalistes qui se permettent des insinuations odieuses, ou des invectives contre la personne de Louis-Philippe, commettent non-seulement un délit répréhensible, mais en-

Nous savons bien qu'on nous répondra, car il n'est point de bonnes raisons auxquelles on ne puisse répondre d'une manière quelconque, que l'urgence des circonstances ayant peut-être autorisé l'élection du roi immédiatement après les journées de juillet, ce grand acte devait recevoir la sanction d'un congrès solennel, ou au moins celle des citoyens individuellement appelés à consigner leurs suffrages dans des registres ouverts dans toutes les municipalités et chez les notaires de tous les chefs-lieux de canton. Qui ne voit que ce dernier moyen n'aurait rien décidé; que, quelques précautions qu'on eût prises pour constater le nombre et l'authenticité des signatures et des votes de ceux qui n'auraient point su écrire, il y aurait toujours eu matière à chicane et à réclamation? Et n'eût-ce pas été jeter un germe d'altercation et de discorde permanentes entre les citoyens, donner des enseignes à deux opinions ennemies, que d'enregistrer juridiquement la divergence de leurs sentiments? On citera l'exemple de Napoléon : mais ceux qui lui donnèrent leurs suffrages écrits ne voulaient pas tant en faire un empereur qu'accepter pour chef de la France l'homme.fort qui mettait fin aux dis-

core ils manquent aux convenances et aux égards qu'ils doivent à l'immense majorité de leurs concitoyens qui le vénèrent comme le chef légitime de la France et leur représentant auprès des peuples étrangers.

cordes civiles, plaçant ainsi la paix et la prospérité publiques sous l'égide de son sceptre et de son sabre. L'habile Italien avait posé la question de manière à ce qu'elle ne pût être décidée que dans un sens. Si elle avait été présentée en ces termes : Napoléon sera-t-il consul triennal, décennal, à vie, roi ou empereur? je doute que la majorité des votes eût été pour l'empire. Chacun d'ailleurs, en s'inscrivant, connaissait fort bien la valeur de son *veto*, et que Napoléon, voulant être empereur, aurait su par force ou par adresse accorder les registres avec sa volonté, et effacer le *non* des récalcitrants avec la pointe de l'épée de ses lieutenants et de ses soldats.

Quant au congrès national, nous dirons d'abord aux strictes logiciens que la logique doit s'accommoder aux faits, et non les faits à la logique; qu'un congrès de plusieurs millions d'hommes est dangereux et heureusement impossible; que la logique y exigerait la présence des enfants en âge de raison, des femmes, des prolétaires; que sans eux le congrès ne serait point général; que partant il serait nul, personne n'ayant le droit de vouloir pour un autre et de le soumettre à des lois qu'il n'a pas faites. Moins inflexible dialecticien, M. de Châteaubriand a reconnu la validité des élections faites en l'absence de la majorité des habitants du pays. « Sous les rois de la première et de la seconde race, « le *peuple entier* (c'est-à-dire les soldats et les con-

« quérants) paraissait aux assemblées de Mars et
« de Mai, donnait son suffrage pour la formation
« des lois, et sa voix pour l'élection des souve-
« rains (1). » Dirons-nous en outre que toutes les
objections qu'on a pu faire contre l'élection du duc
d'Orléans auraient la même force contre la légitimité de la convocation du congrès et le mode de sa
tenue? Il ne restait à la nation que de se convoquer
elle-même, ce qui ne lui est point venu dans l'esprit (2).

Je dirai aux républicains que ce n'est pas l'espérance d'avoir la majorité dans une assemblée nationale qui leur en fait demander la convocation
avec tant de bruit; ils savent trop bien que sur
vingt-cinq mille votants à peine s'ils auraient un
suffrage. Je dis la même chose aux napoléonistes et
à ceux qui appelleraient une race entièrement nouvelle.

Pour ce qui est des amis de la dynastie déchue,
nous leur disons que c'est en pure perte pour leur
cause qu'ils demandent une *convention*; car la question est, quant à eux, depuis long-temps résolue;

---

(1) *Études historiques*, tom. III, page 324.

(2) « Toute assemblée du peuple qui n'aura pas été convo-
« quée par les magistrats préposés à cet effet, et selon les formes
« prescrites, doit être tenue pour illégitime, et tout ce qui s'y
« fait pour nul, parce que l'ordre même de s'assembler doit
« émaner de la loi. » *Contrat social*, liv. III, chap. xiii.

ils ont donné leurs voix aux journées de juillet; ils ont été en grande minorité; on ne vote pas deux fois. Qu'ils s'en prennent à leur épée, si elle n'a pas marqué plus de points en faveur de Charles X. Nous leur accordons les mêmes droits qu'au reste des citoyens, à l'exception de celui de demander un roi qu'ils n'ont su ni défendre, ni conserver; la révolution de juillet n'a point pour juges ceux qu'elle a vaincus. N'est-il pas au moins singulier de voir les hommes qui professaient que la légitimité de la représentation nationale ne pouvait avoir lieu sans le *double vote*, soutenir à présent que cette représentation n'est légitime qu'au moyen des votes de ceux qui paient au-dessous de deux cents francs d'impositions? Au reste, ce ne serait pas la peine d'appeler les bourbonistes à un congrès national, résolus qu'ils sont de bouder et de rester immobiles dans leurs opinions. « Si la majorité me re- « poussait, je resterais, comme individu, fidèle à « mon culte (1). » Par une contradiction née sans

____

(1) *De la nouvelle Proposition*, etc., page 110. Écoutons Rousseau à ce sujet. « Si donc, lors du pacte social, il s'y « trouve des opposants, leur opposition n'invalide pas le con- « trat, elle empêche seulement qu'ils n'y soient compris; ce « sont des étrangers parmi des citoyens. Quand l'état est insti- « tué, le consentement est dans la résidence; habiter le terri- « toire, c'est se soumettre à la souveraineté. » *Contrat social*, liv. III, chap. XIII. Ne manque-t-il pas à autre chose qu'aux

doute de la crainte de tout bouleverser dans une nation de trente millions d'hommes, M. de Châteaubriand reconnaît la légitimité de l'état civil et militaire créé par la révolution de juillet, en niant seulement la légitimité de notre établissement politique : comme si celui-ci n'était pas le principe générateur de tous les pouvoirs et de toutes les légitimités, et comme si la justice pouvait naître de l'usurpation et de l'iniquité !

Il ne s'en rapporte pas plus sur la légitimité de Louis-Philippe aux puissances étrangères qu'à la majorité de la France. « Les puissances étrangères « sont tout juste dans la même position, elles ont « reconnu le fait (1). » C'est ici le cas de signaler l'abus de langage auquel n'a que trop souvent recouru l'habile écrivain en vue de sa cause, pour le triomphe de laquelle tous les moyens lui sont bons. *Reconnaître* un fait est ou en déclarer l'existence, ou en avouer la légitimité ; je ne vois point de troisième sens à donner à cette locution. Don Miguel a usurpé la couronne de son frère ; il s'est fait roi de Portugal : il n'est venu dans la tête d'aucun potentat de l'Europe de nier que ce qui était arrivé à Lisbonne ne fût effectivement arrivé ; ils ont reconnu que le fait était vrai, mais ils n'en ont pas

---

convenances, *l'étranger* qui écrit de la manière la plus virulente contre le gouvernement dont les lois civiles le protégent ?

(1) *De la nouvelle Proposition*, etc., page 107.

pour cela conclu que le droit fût du côté de don Miguel. Prétendre qu'ils n'ont fait que déclarer qu'en 1830 il y a eu une révolution par suite de laquelle le duc d'Orléans a été nommé roi, est une niaiserie qui ne peut tomber dans l'esprit de qui que ce soit. En reconnaissant le fait de l'élection du duc d'Orléans, ils en ont reconnu la légitimité. Quelle dérision qu'ils le traitent d'égal à égal, qu'ils lui envoient des ambassadeurs, qu'ils reçoivent les siens, qu'ils concluent des traités avec lui, et que tout cela ne signifie autre chose sinon qu'ils ont été dûment avisés qu'il existe un individu nommé Louis-Philippe, que le 7 août 1830 quelques députés ont nommé du nom de roi! En vérité, c'est les insulter trop gravement. Les rois sont aussi hommes de sens et d'honneur. Qu'on y prenne garde, la chose est plus sérieuse qu'elle ne semble l'être d'abord. Faire ainsi jésuitiser les mots sur une matière de cette importance, est jeter l'incertitude sur toutes les relations humaines qui ne sont liées que par le langage.

M. de Châteaubriand nous a dit en commençant qu'il était bourboniste par *honneur;* or voici comment il définit l'honneur. « Vertu qui consiste sou-« vent à sacrifier les autres vertus (1). » Quelle vertu aura-t-il sacrifiée à son honneur bourboniste? Se-

----

(1) *Études historiques*, tome III, page 420.

rait-ce celle qui place avant tout la paix publique
et la concorde des citoyens? Ce n'est pas ainsi que
l'entendait un autre grand écrivain dont la manière
semble être l'opposé de la sienne ; l'un *pince son
sujet jusqu'aux os* (1), l'autre le poursuit dans les
régions les plus élevées de l'imagination. « Je ne
« veux pas oublier ceci que je ne me mutine ja-
« mais contre la France....... Dieu en chasse loing
« nos divisions! Entière et unie, je la trouve def-
« fendue de toute aultre violence : je l'advise que
« de tous les partis, le pire sera celuy qui la met-
« tra en discorde ; et ne crainds pour elle, qu'elle-
« mesme (2). »

---

(1) Expression de Montaigne.
(2) *Essais de Montaigne*, liv. III, chap. XI.

CHAPITRE IX.

Idées de Rousseau sur l'origine de la société et sur la souveraineté du peuple.

L'esprit de Rousseau se plaît au paradoxe, il aime à en pousser les conséquences aussi loin que possible ; dans la nécessité du choix, on sent qu'il préférerait l'absurde au banal, sûr qu'il serait de le faire disparaître sous le prestige d'une inimitable élocution. Jamais argumentation ne fut servie par une dialectique plus passionnée, plus précise, plus rapide. Arrivé aux dernières conséquences de son principe, il en voit l'exagération et le danger, et alors, sans l'abandonner et sans avertir le lecteur, il le mitige et le modifie par quelques concessions accessoires ; ce qui a donné lieu aux nombreuses contradictions qu'on lui a si souvent reprochées.

Origine de la société. Montaigne, dans un chapitre des plus remarquables de ses *Essais,* a fait tous ses efforts pour mettre sur le compte de l'intelligence des animaux ce qui n'appartient qu'à leur instinct ; mais, dans un autre chapitre, oubliant ce qu'il a dit, et entraîné par la force de la

vérité, il reconnaît « que la pluspart des choses du
« monde se font par elles-mesmes (1)..... Que la so-
« ciété des hommes se tient et se coud à quelque
« prix que ce soit ; en quelque assiette qu'on les
« couche, ils s'appilent et se rangent en se remuant
« et s'entassant (2). » Rousseau cependant, qui a
tant profité de Montaigne, veut que la société soit
de toutes pièces l'œuvre de nos mains. « L'ordre
« social est un droit sacré qui sert de base à tous
« les autres. Cependant ce droit ne vient point de
« la nature ; il est donc fondé sur les conven-
« tions (3)....... Restent donc les conventions pour
« base de toute autorité légitime parmi les hom-
« mes (4). » Bien plus, il pense que la société dé-
nature en quelque sorte l'homme. « Celui qui ose
« entreprendre d'instituer un peuple doit se sentir
« en état de changer pour ainsi dire la nature hu-
« maine....... d'altérer la constitution de l'homme
« pour la renforcer.... Il faut, en un mot, qu'il ôte
« à l'homme ses propres forces pour lui en donner
« d'étrangères (5). » La vérité se trouve précisément dans le contraire de ce qu'avance Rousseau :
L'HOMME SOCIAL N'EST QUE L'ÉVOLUTION DE L'HOMME

---

(1) *Essais*, liv. III, chap. VIII.
(2) *Ibidem*, chap. IX.
(3) *Contrat social*, liv. I, chap. I.
(4) *Ibidem*, liv. II, chap. IV.
(5) *Ibidem*, chap. VII.

NATUREL ; IL N'Y A DE BONNES LOIS QUE CELLES QUI SATISFONT AUX BESOINS DE L'HUMANITÉ ET QUI SONT ANALOGUES A SES FACULTÉS ; LA SAGESSE DU LÉGISLATEUR CONSISTE A FAIRE ENTRER DANS L'ORDRE POLITIQUE CE QUI DÉJA ÉTAIT EN GERME DANS L'ORDRE NATUREL. Les conventions d'ailleurs que Rousseau donne pour base à l'ordre social supposent société, c'est-à-dire réunion d'un grand nombre d'individus voulant naturellement la même chose, ayant la même langue, les mêmes vues, les mêmes besoins, les mêmes facultés ; elles supposent une autorité qui convoque les contractants, recueille, constate et proclame leurs votes, et par-dessus tout une loi qui rende les conventions obligatoires, de sorte que, si la société est fondée sur des conventions, les conventions sont fondées sur la loi *naturelle* qui les rend sacrées à l'humanité.

Avant Rousseau, Hobbes avait aussi fondé la société sur de simples conventions. « Il faut qu'elle « (la société) soit établie par les pactes des particu- « liers, c'est-à-dire que chacun, ayant égard à sa « sûreté et à sa défense particulière, s'oblige envers « son voisin à faire ce que voudra l'universalité ou « la majorité des contractants (1). »

Les disciples de Saint-Simon ont également dans leur pacte social négligé l'antériorité de la nature

---

(1) *Du Citoyen*, liv. I, chap. II.

et ses impérissables exigences. En détruisant dans le cœur humain le sentiment inné de la propriété et le besoin de transmettre à ses enfants ce qu'on a amassé par un travail quotidien, ils se sont réservé de pétrir l'homme à leur manière en dépit des formes constitutives de son organisation physique et morale; ils n'ont pas lu dans le livre que Montaigne a tiré de lui-même : « Et je me suis escrié, « après mon patenostre :

Impius hæc tam culta novalia miles habebit!

« Quel remède? c'est le lieu de ma naissance et de « la pluspart de mes ancestres; ils y ont mis leur « affection et leur nom (1). » Revenons à Rousseau, il va renverser ce qu'il a établi plus haut.

« La plus ancienne des sociétés et la *seule natu-* « *relle*, est celle de la famille (2). » Mais la famille est l'élément de la société, qui n'est qu'une famille de familles; le composé est de la même nature que ses parties.

« Encore les enfants ne restent-ils liés au père « qu'aussi long-temps qu'ils ont besoin de lui pour « se conserver. Sitôt que ce besoin cesse, le lien « naturel se dissout...... S'ils continuent à rester

______

(1) *Essais*, liv. III, chap. ix. Aristote avait déja dit : « On ne « saurait croire combien fait pour le bonheur de se sentir pro- « priétaire. » (*Politique*, liv. II, chap. iii.)

(2) *Contrat social*, liv. I, chap. ii.

« unis, ce n'est pas *naturellement,* c'est *volontai-*
« *rement* (1). » Le fils est portion et continuation
de son père (2). Entre eux est similitude et presque
homogénéité d'organisation. Or, les sympathies sont
en raison de la ressemblance des organisations; les
enfants et les parents sympathisent donc de préférence. Que si à ces motifs physiques d'union vous
joignez l'amour et les soins dont les premiers ont
été l'objet, et qui ont excité leur amour et leur
reconnaissance, vous en verrez résulter la continuation de leurs affections primitives réciproques
qui les tiendront unis volontairement. Rousseau,
qui avait besoin de dissimuler un paradoxe, a dis-
tingué la *volonté* de la *nature,* comme s'il y avait
quelque chose qui fût plus dans la nature que la
volonté. Il dit un peu plus bas : « Dans la famille,
« l'amour du père pour les enfants le paie des soins
« qu'il leur rend (3). » Ainsi, il a du plaisir à aimer
ses enfants et à en prendre soin. Serait-il possible
que les enfants, prenant nécessairement plaisir à

---

(1) *Contrat social*, liv. I, chap. II.

(2) « Jacob dit à Joseph : Dieu le tout puissant m'a apparu à
Louze, au pays de Kenââne, et m'a béni; il me dit : Je te ren-
drai fécond, je te multiplierai, et je te ferai *devenir une agréga-*
tion de peuples. » (*Genèse,* traduction de M. Cohen.) Jacob
devenant une agrégation de peuples n'est une admirable expression que parce qu'elle est vraie.

(3) *Contrat social*, liv. I, chap. II.

être aimés et soignés, se détachassent pleinement et sans retour de leurs parents? Chez les sauvages, les choses se passent autrement que ne le dit Rousseau; ils ont pour sacrés les os de leurs pères, et l'excès de leur amour et de leur vénération les porte, chez quelques peuplades, à des actes qui, si ce n'étaient les mõtifs, seraient d'une affreuse barbarie. Hobbes a très-bien reconnu les liens étroits qui unissent la famille. « Les hommes, par « une nécessité naturelle, cherchent leur bonheur « dans la gloire et la puissance dont, après leur « mort, jouissent leurs enfants (1). »

Suivons les idées de Rousseau sur le même sujet. « La famille est donc, si l'on veut, le premier « modèle des sociétés politiques. » (Celles-ci ont donc une autre origine que les conventions.) « Le « chef est l'image du père, le peuple est l'image « des enfants (2). » Si Rousseau eût ajouté : « Et la mère est l'intermédiaire entre le père et les enfants, » il eût reconnu dans la famille le modèle primitif des sociétés politiques représentatives.

On peut se servir de plusieurs passages du *Contrat social* pour prouver que tous les éléments du gouvernement ternaire sont *naturels*. L'auteur, après avoir dit, dans le chapitre v^e du livre III,

---

(1) *Du Citoyen*, chap. IV.
(2) *Contrat social*, liv. I, chap. II.

qu'il y a une *aristocratie naturelle*, reconnaît, d'après Platon, dans le chapitre vi^e du même livre, *des rois par nature.* Il faut, y dit-il dans le chapitre viie, qu'un gouvernement populaire ait *un chef.* Au chapitre iii du livre IV, on lit : « Mais j'ai « déja dit qu'il n'y avait point de véritable démo- « cratie. » Dans le chapitre xiie du livre VII, il soutient que la monarchie absolue ne peut pas plus exister que l'aristocratie et la démocratie pures. « En remontant aux premiers temps des nations, « on trouverait que la plupart des anciens gouver- « nements, même monarchiques, tels que ceux des « Macédoniens et des Francs, avaient de semblables « conseils. » Reste donc que toute agrégation d'hommes produit naturellement le peuple, les grands et le chef.

« Ce qui est bien et conforme à l'ordre est tel « par la nature des choses, et indépendamment des « conventions humaines (1). » Or, rien n'est meil- leur et plus conforme à l'ordre que l'état social, « qui donne aux actions humaines la moralité qui « leur manquait auparavant, et qui d'un animal « stupide et borné fait un être intelligent et un « homme (2). » L'état social a donc pour base des lois fondées sur la nature des choses et indépen- dantes des conventions.

-----

(1) *Contrat social*, liv. II, chap. vi.
(2) *Ibidem*, liv. I, chap. viii.

A présent que nous avons reconnu les fonde-ments sur lesquels repose la société, cherchons où, suivant l'auteur du *Contrat social*, réside la souveraineté.

« Comme la nature donne à chaque homme un « pouvoir absolu sur tous ses membres, le pacte « social donne au corps politique un pouvoir ab-« solu sur tous les siens; et c'est ce même pouvoir « qui, dirigé par la volonté générale, porte, comme « je l'ai dit, le nom de souveraineté (1). »

Les orateurs, les tribuns, les agitateurs de tous les temps et de tous les lieux, en un mot, tous les flatteurs du peuple qui l'ont toujours traité de souverain pour en faire plus facilement leur esclave, s'étant servis d'idées analogues à celles que nous venons de transcrire, lesquelles, par leur obscurité même, se prêtent à toutes les interprétations que leur donnent les passions de la multitude, nous pensons, en les éclaircissant et en les exposant dans leur jour véritable, nous livrer à une tâche utile. Trois propositions sont renfermées dans la période de Rousseau.

La nature donne à chaque homme un pouvoir absolu sur tous ses membres.

Le pacte social donne au corps politique un pouvoir sur tous ses membres.

––––––––––

(1) *Contrat social*, liv. II, chap. IV.

Ce pouvoir absolu que le pacte social donne au corps politique sur tous ses membres, dirigé par la volonté générale, constitue la souveraineté du peuple.

Admettons la comparaison que Rousseau fait entre le corps humain et le corps politique : elle détruit ses doctrines plutôt qu'elle ne les confirme, en mettant néanmoins l'esprit sur les traces de la vérité. Ce ne sont pas, en effet, toutes les parties de notre organisation qui la dirigent et qui ont sur elles-mêmes un *pouvoir absolu*, mais ses parties les plus nobles sont seules revêtues de cette autorité. La tête, le cœur, les poumons auxquels obéissent les muscles, les bras, la voix, la circulation, les molécules organiques et une foule de fibres et de ressorts cachés, sont des pouvoirs *aristocratiques et monarchiques*, et non une populace. Tout, il est vrai, dans le corps humain se fait au profit du tout, mais la suprême direction n'est point placée dans l'ensemble. Lorsque la marche normale est intervertie et que l'impulsion primitive provient des organes accessoires et se popularise, il y a fièvre, tumulte, désordre.

La seconde proposition porte que le pacte social donne au corps politique un pouvoir absolu sur tous ses membres. Mais les membres du corps politique, d'après les idées de Rousseau qui fait de chaque individu une partie indivisible du souverain (1), sont le corps politique lui-même. Ce sont donc les membres du corps politique qui ont un pouvoir absolu sur le corps politique, et le pouvoir politique qui a un pouvoir absolu sur ses membres : il n'y a donc plus de sujet lorsque les membres commandent, il n'y a plus de souverain lorsqu'ils obéissent. Considérez une nation entière comme une personne collective qui passe alternativement de l'état de souverain à celui de sujet, et qui possède simultanément ces deux états, est une abstraction philosophique qui ne peut passer dans la réalité. Il est bien vrai que la totalité, par sa nature de totalité, contient le pouvoir absolu, mais ce pouvoir n'a d'ac·tion qu'en se détachant de la totalité et en trouvant hors de lui l'objet sur lequel il s'exerce (2). Dites donc, si cela vous fait plaisir, que le peuple est souverain, mais dans le sens que de lui sortent ses magistrats et ses chefs, qu'ils font un tout avec lui, qu'il fait un tout avec eux.

---

(1) *Contrat social*, liv. I, chap. vi.

(2) « Dans la puissance législative, le peuple ne peut être « représenté; mais il peut et doit l'être dans la puissance exé- « cutive qui n'est que la force appliquée à la loi. » *Contrat so- cial*, liv. III, chap. xv. « S'il était possible que le souverain, « considéré comme tel, eût la puissance exécutive, le droit et « le fait seraient tellement confondus qu'on ne saurait plus ce « qui est loi et ce qui ne l'est pas ; et le corps politique, ainsi « dénaturé, serait bientôt en proie à la violence contre laquelle « il fut institué. » *Ibidem*, chap. xvi.

Nous voici à la troisième proposition : le pouvoir absolu que le pacte social donne à tous les membres du corps politique, dirigé par la volonté générale, porte le nom de souveraineté. Cette proposition, ramenée à sa plus simple expression, se réduit à ceci : Le pouvoir de tous, dirigé par la volonté de tous, est la souveraineté. Nous venons de voir que la souveraineté ainsi entendue n'a point de sujets sur qui s'exercer, ou que les sujets sont sans souverain. Qu'est-ce qu'une souveraineté qui ne peut s'exercer ni individuellement ni collectivement? Ni individuellement, car tous les individus d'une nation ne peuvent chaque jour émettre leur vote sur les affaires générales, et connaître ceux de leurs concitoyens ; ni collectivement, car une grande nation ne peut être continuellement sur la place publique. Les démocraties anciennes, que nous nous gardons bien d'envier, ne pouvaient exister que par l'esclavage ; occupées à restreindre le nombre des citoyens, elles donnaient des bornes au simple droit de voter, et ne finissaient pas moins par être sujettes des plus riches, des plus habiles et des plus forts.

On nous dira que, dans les petites républiques au moins, les citoyens peuvent alternativement être considérés comme sujets et comme souverains, et obéir en qualité de sujets aux lois qu'ils ont faites en qualité de souverains. Nous doutons que la chose puisse à la rigueur avoir lieu pour les démocraties, même composées de quelques milliers d'individus. Mais en admettant une telle possibilité, nous affirmons qu'elle ne peut avoir lieu que pour une association d'hommes extrêmement peu nombreuse. Un tel peuple, s'il en méritait le nom, placé au milieu des grandes nations que tendent à former la conformation du globe, la diversité des climats, la division des langues et la marche de la civilisation, ne jouirait que d'une indépendance fictive et précaire, et serait esclave de la protection des grandes puissances, ou incorporé à leur territoire. C'est ce qu'avait reconnu Rousseau : « Tout « bien examiné, je ne vois pas qu'il soit désormais « possible au souverain de conserver parmi nous « l'exercice de ses droits, si la cité n'est très-petite. « Mais si elle est très-petite, elle sera subjuguée (1). » Il est vrai qu'il se proposait de parer à cet inconvénient au moyen des confédérations ; mais celles-ci, obligées de traiter les affaires générales par des *représentants*, perdent la souveraineté directe et primitive dont il s'agit dans ce paragraphe. Dans une monarchie constitutionnelle, des électeurs qui envoient leurs députés à l'assemblée législative sont autant souverains que les électeurs qui, dans une république fédérative, envoient les leurs à un con-

---

(1) *Contrat social*, liv. III, chap. xv. « C'est toujours un mal d'unir plusieurs villes en une cité. » *Ibidem*, chap. xiii.

grès, où la volonté des états en minorité est soumise à une volonté autre que la leur.

Que si néanmoins, en séparant le droit de son exercice, vous entendiez par souveraineté le droit abstrait fondé sur l'égalité de nature de tous les citoyens, cette souveraineté appartient bien certainement à la totalité des individus d'un peuple grand et petit, car hors de la totalité, il n'y a point de concurrents pour contester le pouvoir suprême. Mais si vous sortez des abstractions pour entrer dans la réalité, de laquelle seule s'occupe la politique, et si vous cherchez à qui appartient et la souveraineté et l'exercice de la souveraineté, vous trouverez qu'elle réside, non, comme le veut Rousseau, *dans tous les membres du corps politique*, mais, suivant ce qui a été établi dans le chapitre Ier, DANS LE PEUPLE AGISSANT PAR LES MAGISTRATS ET LES CHEFS QUE LUI ONT DONNÉS LA NATURE ET LA CIVILISATION.

La souveraineté ainsi comprise embrasse le DROIT et le FAIT, qu'on ne peut séparer sans troubler l'ordre social.

Finissons ce chapitre en disant que de l'égalité de la nature humaine, et de l'inégalité physique et intellectuelle des hommes naît la plus générale et la plus fondamentale des vérités sociales; la voici :

TOUS LES INDIVIDUS QUI FORMENT UN PEUPLE ONT LES MÊMES DROITS NATURELS, MAIS TOUS ILS NE PEUVENT EXERCER LES MÊMES DROITS POLITIQUES.

On peut encore ajouter : Plus un citoyen, par son intelligence, sa probité et sa fortune, contribue a la sureté et a la prospérité de l'état, plus il a de droits pour participer a la direction des affaires.

CHAPITRE X.

*La souveraineté du peuple n'a son exercice plein
et normal et sa légitimité que dans la monarchie
représentative.*

Nous avons trouvé que la souveraineté du peuple
est sa force physique et normale, et, à la différence
de Rousseau qui veut qu'elle soit le pouvoir de
tous, dirigé par la volonté de tous, nous avons établi qu'elle est dans tout le peuple, mais qu'elle ne
peut être exercée que par les pouvoirs de l'état naturellement et politiquement constitués. Nous nous
proposons dans ce chapitre de montrer que son
action n'est pleine et normale que dans la monarchie représentative, et que, loin de repousser la
légitimité, comme quelques-uns le prétendent, elle
s'y lie d'une manière plus directe que dans les autres gouvernements.

Pour juger de la plénitude et de la régularité
des effets de la souveraineté sur l'ordre social, il est
avant tout nécessaire de connaître quelle est la fin
de la société, car une action n'est bonne qu'autant
qu'elle pousse l'objet sur lequel elle a lieu vers sa

destination, elle n'est mauvaise qu'autant qu'elle l'en écarte.

LA FIN DE LA SOCIÉTÉ EST LE BIEN-ÊTRE PHYSIQUE ET MORAL DES INDIVIDUS, ET LE PERFECTIONNEMENT PROGRESSIF DE LA CIVILISATION, SANS D'AUTRES BORNES QUE CELLES DES FACULTÉS HUMAINES (1). Pour savoir à quel degré sont propres à aller à cette fin les divers gouvernements, il est essentiel de préciser ce qu'ils sont en eux-mêmes, et de déterminer les caractères les plus saillants qui séparent les uns des autres les gouvernements simples, la monarchie représentative, et la république représentative.

Les deux idées premières et inséparables qui entrent dans le mot *gouvernement* sont commandement et obéissance; là où il en existe un quelconque, sont des hommes qui commandent et d'autres hommes qui obéissent : de sorte que la forme primitive des gouvernements doit se tirer du nombre de ceux qui commandent et de ceux qui obéissent. C'est pour cela que Rousseau a dit : « Que le gouvernement est réellement susceptible « d'autant de formes diverses que l'état a de ci-

---

(1) « Si l'on cherche en quoi consiste précisément le plus « grand bien de tous, qui doit être la fin de tout système de « législation, on trouvera qu'il se réduit à ces deux objets « principaux, la *liberté* et *l'égalité*. » (*Contrat social*, liv. II, chap. xi.) La liberté et l'égalité ont pour fin la *propriété* de tout ce qui est utile à l'homme et qui perfectionne la société.

« toyens (1). » Il est *démocratique* là où le plus grand nombre gouverne ; *aristocratique* où quelques-uns commandent ; *monarchique* où l'autorité se trouve entre les mains d'un seul.

Mais ni la démocratie, ni l'aristocratie, ni la monarchie n'ont jamais existé, ni jamais n'existeront sous leur forme pure et distinctive de toute autre ; elles se touchent et se confondent par quelque point (2), et se modifient les unes les autres. Ainsi elles ne sont pas, à proprement parler, des gouvernements, mais seulement les éléments du gouvernement naturel, vers lequel l'instinct et la civilisation poussent sans cesse les associations humaines.

On serait dans l'erreur si l'on pensait que plus un gouvernement est simple, plus il est parfait (3). La nature ne s'élève vers le perfectionnement que par addition et fusion. Le corps humain, auquel Rousseau a comparé le corps politique, n'est la plus parfaite des organisations que parce qu'il est l'ensemble et la coalescence de tous les éléments

---

(1) *Contrat social*, liv. III, chap. iii.

(2) « Ainsi, il y a un point où chaque forme de gouverne-« ment se confond avec la suivante. » (*Ibidem.*)

(3) « Le gouvernement simple est le meilleur en soi, pour « cela seul qu'il est simple. » (*Contrat social*, liv. III, chap. vii.) Le despotisme est en soi le plus simple des gouvernements, car il abat l'arbre pour en avoir les fruits, et il n'en est pas moins pour cela le plus détestable.

de l'animalité, couronné par la faculté de connaître nos rapports et de vouloir et de pouvoir ce qu'ils ont de plus conforme à l'ordre. Plus vous descendez dans l'échelle de l'animalité, plus vous trouvez simplicité et infériorité. La simplicité artistique-politique n'est donc pas celle qui se résout dans l'unité élémentaire, mais celle qui, dans l'unité synthétique de l'objet qu'elle crée, réunit tous les éléments analogues sans en admettre aucun d'inutile.

Retranché du tout auquel il est destiné, un élément perd de sa valeur; il retire en soi cette portion d'énergie à l'aide de laquelle il s'était étendu et uni à son analogue; il perd la force qu'il recevait de l'action convergente qui le pressait de toutes parts. Isolé, il pèche par excès et par défaut : par excès d'action individuelle, et par privation d'action sociale.

Cohue de citoyens-rois recevant insolemment le prix de leur journée de souveraineté, passant leur temps dans les théâtres et sur le marché, se débarrassant par l'exil du mérite qui les offusquait, fatiguant leurs voisins, leurs alliés et leurs colonies, se fatiguant eux-mêmes de leurs injustices et de leur turbulence : Athènes n'eût été autre chose, si elle ne se fût soumise à la gloire de Périclès, roi sans en avoir le nom, et à la sagesse de l'aréopage.

A Rome, l'inexorable orgueil des patriciens cherche en vain des forces dans son isolement; il se suiciderait en se détachant entièrement du peuple,

si la nécessité ne créait des tribuns qui lient en
dépit de lui ses intérêts à ceux de tous les citoyens.

L'autocratie la plus absolue a beau chercher à
se faire centre unique et fin d'elle-même, elle meurt
d'une surabondance de pouvoir si elle ne se limite
elle-même par un sénat, un divan, un mufti, ou s'ils
ne lui sont imposés par le cours invincible des
choses. Jusqu'aux *camarilla*, tout atteste l'impossibilité où est le despotisme de vivre de sa vie
unique.

Nous voyons donc que la société a deux vies:
l'une individuelle, l'autre commune; l'une accessoire, l'autre essentielle; et que la première de ces
vies anime seule la démocratie, l'aristocratie et la
monarchie ramenées à leurs principes rudimen-
taires. Nous voyons encore que, troublée par son
excès d'activité, elle porte une sorte de fièvre générale ou locale dans le corps politique qu'elle
anime, et qu'elle le prive en partie des biens physiques et moraux dont il est susceptible. Nous avons
maintenant à montrer que cette double vie a toute
son intensité, sans excès et sans défaut, dans le vrai
gouvernement, le gouvernement complet composé
des trois autres, et qu'il produit tous les effets que
réclame la civilisation, lorsqu'il jouit des conditions
qui sont dans son essence.

On ne peut se faire une idée nette de l'action
d'un agent, lorsqu'on ignore ce qu'est son objet :

nous ne connaîtrons bien l'action de la monarchie représentative sur la société, qu'en sachant ce qu'est celle-ci, quels sont les besoins des fractions élémentaires dont elle se compose, ainsi que les moyens d'y satisfaire. Disons d'abord ce qu'est la société.

LA SOCIÉTÉ EST UNE RÉUNION D'INDIVIDUS FORMANT UN TOUT, CONTRIBUANT A LEUR BIEN-ÊTRE PHYSIQUE ET MORAL PAR LEUR ACTION RÉCIPROQUE, ET PERFECTIONNANT GRADUELLEMENT LEURS MOYENS D'ACTION PERSONNELLE ET COLLECTIVE (1).

Mais une association d'individus formant un tout ne peut agir simultanément : or, comme le corps humain en se formant produit le cœur, la tête, les poumons et les divers membres; de même, et par une nécessité non moins impérieuse, le corps politique se divise en multitude, notabilités et chef, ou patent, ou invisible. La première de ces divisions, qui embrasse la presque totalité des individus, se partage en deux sections, la populace et le peuple.

La populace de tous les lieux et de tous les temps est la lie et le ferment de la société; là sont les éléments des émeutes et des séditions, et les auxiliaires nés de tous ceux qui ont intérèt à troubler la société; là se cachent, en attendant l'occa-

____

(1) Cicéron définit la société : *Societas juris.* « Participation aux mêmes droits. »

sion, ceux qui ensanglantent les révolutions; privée d'instruction et de moyens accumulés de subsistance, elle est à la merci de tous les sophistes qui égarent son instinct, l'irritent contre tout ce qui est au-dessus d'elle, et qui, après s'ètre élevés contre l'aristocratie héréditaire, financière, territoriale, doctrinariste, finissent par déclamer contre l'aristocratie bourgeoise, préparant la tyrannie dans le dessein de la partager en se mettant à ses gages. *Nam plebs penè servorum habetur loco, per se nil audet, nulli adhibetur consilio* (César). « La populace est presque à l'égal des esclaves, elle n'ose rien par elle-même et n'est admise dans aucun conseil. » La haute mission des gouvernements est de rendre la populace peuple. La grande affaire de ceux qui régissent l'Espagne et le Portugal est de rendre le peuple populace.

Le peuple est comme le sang et la chair de la société; sa volonté est toujours droite, quoique non toujours éclairée; ceux qui le composent formant la presque totalité veulent le bien général, par là même qu'ils veulent leur bien particulier. Aussi rien n'est aussi facile que de le diriger vers le bien public, en lui montrant où est ce bien. Mais ne pouvant parvenir collectivement aux supériorités auxquelles il touche, il les jalouse, et, par envie, fille de la vanité, passion toute française, il est sujet à se faire mal à lui-même pour rabaisser des institutions qui l'offusquent. *Invidia accrevit privata quæ minor esset.* Ce qui tire un citoyen de la classe moyenne excite le mécontentement de tous ceux dont il était naguère l'égal.

L'aristocratie ne sent bien sa supériorité qu'en la faisant sentir à ses inférieurs : la superbe et l'esprit contempteur sont le péché de la noblesse. *Superbia et contemptor animus commune nobilitatis malum.* (SALLUSTE.)

Le roi ne se croit point tel, s'il peut être empêché de porter son autorité jusqu'à ses dernières limites ; il identifie la royauté avec l'excès du pouvoir : faire impunément ce qu'on veut, c'est être roi. *Impune quælibet facere, id est, regem esse.* (SALLUSTE.)

Ces trois fragments originels de la société (nous disons trois, car la populace, ainsi que nous l'avons vu, n'est que la lie et l'écume du peuple) qui, isolés, lorsqu'ils servent de type à quelqu'un des gouvernements incomplets dont nous avons parlé, y portent les vices de leur origine ; étant réunis dans d'exactes proportions, neutralisent réciproquement les mauvais effets qui leur sont propres, et forment par leur action et réaction un gouvernement dont toutes les pièces s'entr'aident et concourent au plus grand bien de tous.

Nous venons de voir quelle est l'essence de chacune des fractions de la société ; voyons maintenant comment chacune trouve dans le gouvernement représentatif son bien-être et son moyen de progrès.

L'état serait exposé à de continuels bouleversements, si un travail assuré ne fournissait des moyens
quotidiens d'existence à la classe qui, pour produire, n'a d'autres capitaux que ses bras, et si par
l'aisance et l'instruction il ne l'appelait à entrer
dans le peuple, à en faire d'abord partie, et ensuite
à prendre rang parmi les plus éminentes notabilités. Ici s'entrevoient les bienfaits de l'économie politique, vraie science des gouvernements, science
qui est encore à faire, dont à peine on a quelques
éléments, et qui, à mesure qu'elle sera plus avancée, unira davantage le peuple aux prolétaires, les
prolétaires au peuple, et celui-ci aux notabilités,
en produisant une aisance générale sans détruire
néanmoins la hiérarchie sociale ; elle ne fera pas
que tout le monde soit riche, car où tout le monde
serait riche, tout le monde serait pauvre ; mais elle
fera qu'il n'y ait de pauvres que ceux qui voudront
l'être de leur pleine volonté, et à qui la paresse
sera plus chère que l'aisance acquise par le travail.

Le même intérêt de bien-être, de sécurité, de
stabilité unit l'aristocratie au peuple et le peuple à
l'aristocratie : la première, dans l'intérêt de conserver et d'améliorer une position acquise ; le second, dans l'intérêt de s'y élever.

La royauté, qui périt ou qui court risque de périr si l'aristocratie et le peuple ne restent dans la
limite de leurs droits, est la plus intéressée à ce que
rien ne soit dérangé dans les rouages de la machine

politique. Peut-il exister un ciment plus fort que celui de son propre intérêt et de sa propre conservation pour unir toutes les parties de l'état?

La tendance individuelle et usurpatrice des trois éléments sociaux sert même à l'affermissement et au jeu régulier de l'ensemble. Chacun est maintenu dans sa sphère par l'action excentrique des deux autres; et, refoulé sur soi-même, il tire de cette compression un redoublement d'élasticité. D'où il suit que le GOUVERNEMENT REPRÉSENTATIF N'EST JAMAIS PLUS PARFAIT QUE LORSQUE LES POUVOIRS DONT IL EST COMPOSÉ JOUISSENT DE TOUTES LES PRÉROGATIVES QUI DÉCOULENT DE LEUR ESSENCE ET AGISSENT DANS LEUR SPHÈRE AVEC UNE PLEINE INDÉPENDANCE. Ce qu'on ôte à l'un d'eux de ce qui lui appartient en vertu de ses attributions natives, tourne au détriment et à la faiblesse des deux autres et mène à une désorganisation générale. Croit-on, par exemple, que si on eût laissé à la pairie son hérédité que nous croyons être une de ses attributions naturelles, destinée à balancer l'influence du pouvoir exécutif (1) et à maintenir l'égalité en réprimant

____

(1) « Quoique la pairie soit en Angleterre à la nomination du « roi, elle en est bien moins dépendante, parce que cette « pairie une fois donnée est héréditaire. » (ROUSSEAU, *Considérations sur le gouvernement de Pologne.*) Ce qu'on a ôté de force à la pairie française par la non-hérédité, on l'a ajouté à la puissance royale, à une autorité que les lois ont sagement faite héréditaire. Aux passions populaires que la nature a faites

les tentatives novatrices d'une classe d'hommes que produisent toutes les civilisations, et qui convoite l'anarchie comme moyen de fortune et d'ambition; croit-on que nous aurions vu en France les mèmes émeutes et le même désordre? Une institution impérissable donne foi à toutes les institutions, les soutient de son poids, et les environne de la majesté du temps.

De l'action individuelle des pouvoirs sociaux qui a produit la satisfaction des besoins personnels naît un second phénomène, celui de la création d'intérêts généraux, et de la vie commune et morale de la société. Essayons d'expliquer comment a lieu ce développement; nous ne pouvons y travailler avec succès qu'après avoir étudié les propriétés de la royauté représentative qui en est le principal moyen.

Le jeu réciproque des pouvoirs politiques n'est pas seulement d'action et de réaction, il est encore d'union et de fusion. Ils ne peuvent se toucher et se repousser sans aussi s'attirer et prendre l'un de

---

héréditaires, il est sage d'opposer une puissance modératrice héréditaire. Rousseau est peu favorable à toute espèce d'hérédité; voici ce qu'il dit de l'hérédité monarchique : « L'hérédité « de la couronne prévient les troubles, mais elle amène la ser- « vitude; l'élection maintient la liberté, mais à chaque règne « elle ébranle l'état. » (*Ibidem.*) L'hérédité a eu trois demi-siècles pour réduire les Anglais en servitude, et elle n'a fait qu'accroître leur liberté.

l'autre ce qu'ils ont de sympathique. Or, ce qu'ils gagnent est précisément ce qui chez eux était en défaut, et ce qu'ils perdent est ce qu'ils avaient en excès. Par son contact avec la chambre aristocratique, la chambre élective perd de sa tendance démagogique et acquiert des notions plus générales; la chambre aristocratique perd de sa superbe et se familiarise avec la liberté; et la royauté, par elles contenue dans ses limites, s'identifie au bien-être général.

Cette dernière est un foyer de gloire, d'honneur et de dignité qui renvoie vers leur origine les rayons projetés de tous les points de la circonférence politique. Moyennant *l'inviolabilité* du roi, la royauté devient la propriété de tous, car il ne peut y avoir inviolabilité s'il n'y a des ministres justiciables qui gouvernent et qui administrent et à eux, de toute nécessité, aux plus capables, appartient la royauté qui *gouverne;* le roi qui *règne,* la plus belle des fictions sociales, est hors de la sphère positive; il est la nation personnifiée, l'unité politique. Ce n'est pas du roi individu qu'on est sujet, mais du roi magistrat suprême, premier sujet lui-même de la loi dont il tient son pouvoir. Ce passage de l'individuel à l'universel est d'autant plus admirable, qu'au moyen de cet artifice social on s'élève de gouvernement en gouvernement jusqu'à la société entière du genre humain, d'où l'on remonte à la source de toute royauté, à celle du roi des mondes.

Ne soyons donc pas étonnés de la préférence qu'Homère, Aristote, Cicéron et l'instinct de presque tous les peuples ont donnée à la royauté (1). Sans elle, l'ordre social est tronqué par sa sommité; c'est une voûte sans clef, un arbre découronné. Mais aussi, sans l'adjonction des deux autres rouages politiques, son pouvoir d'attraction n'étant contrebalancé par aucune force antagoniste, elle ramène tout à elle-même et arrête et trouble la marche de la civilisation.

Du mouvement instinctif de nos facultés sociales, à travers mille circonstances qui tantôt en retardent, tantôt en accélèrent le développement, se forment les trois pouvoirs politiques dont toutes les peuplades du nord et du sud de l'Amérique, de l'Afrique, de l'Asie et de l'Océanie offrent les

---

(1) « Le gouvernement royal est incontestablement le plus « fort, et pour être aussi le meilleur, il ne lui manque qu'une « volonté de corps plus conforme à la volonté générale. » (*Contrat social*, liv. III, chap. vi.) Cet inconvénient disparaît au moyen d'un ministère responsable. *Reges, nam in terris nomen imperii id primum fuit.* (SALLUSTE.) « Tous les gouvernements de la terre ont commencé par la royauté.» « Le besoin d'un chef, « afin de pouvoir agir en commun, soit pour se défendre, soit « pour se procurer avec moindre peine une subsistance plus « assurée et plus abondante, introduisit dans ces sociétés (les « peuplades primitives) les premières idées d'une autorité pu- « blique. » (*Esquisse d'un Tableau historique des Progrès de l'esprit humain*, par Condorcet.)

rudiments les plus caractérisés. Partout vous y trouvez la multitude, les grands et le chef : c'est le gouvernement ébauché à Athènes, à Sparte, à Carthage, à Rome, gouvernement qu'a vanté Tacite (1), dont Cicéron a fait le beau idéal politique, sa *République* par excellence, que Montesquieu dit avoir été trouvé dans les bois, parce que c'est dans leur silence que la nature parle le mieux à l'instinct, et qui, mis en expérience depuis plus d'un siècle, a fait de l'Angleterre le pays le plus florissant qui jamais ait existé. Il a été à bon droit nommé *représentatif*, puisque les trois pouvoirs dont il est formé représentent véritablement les intérêts et les positions d'où ils sont nés. La chambre élective *représente* les intérêts du peuple, la chambre aristocratique *représente* ceux des sommités sociales, et le roi représente l'unité collective politique.

De même que les diverses races humaines s'accommodent aux divers climats quoiqu'il y ait une forme commune à tous, de même le *gouvernement naturel*, quoique ayant son type spécial, s'accommode aux diverses localités et aux divers degrés de

---

(1) *Cunctas nationes aut urbes populus, aut priores aut singuli regunt; delecta ex his et consociata reipublicæ forma laudari facilius quàm evenire.* (Annal., lib. IV, cap. 33.) « Toute nation est régie ou par le peuple, ou par des grands, ou par un roi ; une république formée de ces trois pouvoirs est plus facile à louer qu'à réaliser. »

civilisation des peuples. Il serait aussi absurde de
vouloir ériger Glaris et Underwald en monarchie
que la Chine en république. La démocratie convient mieux à un petit territoire, parce que les gouvernants peuvent plus facilement s'y entendre pour
contenir la turbulence de la multitude; l'aristocratie s'accommode mieux d'un territoire de médiocre
étendue, où l'intérêt des grands est de gouverner
avec modération un peuple sans la prospérité duquel leur autorité serait méprisable; la monarchie
pure est faite pour régir un peuple grossier. La
démocratie doit tendre vers l'aristocratie, celle-ci
vers la monarchie, et toutes vers le gouvernement
représentatif. Ce gouvernement convient surtout
à un grand peuple dont la civilisation est assez
avancée pour qu'il puisse lutter avec sagesse contre l'ascendant des deux autres pouvoirs, et de
concert avec eux se gouverner lui-même.

Ceci contredit pleinement les idées de Rousseau,
qui prétend que plus le nombre des citoyens est
grand, plus leur liberté diminue. « Supposons que
« l'état soit composé de dix mille citoyens. Le sou-
« verain ne peut être considéré que collectivement
« et en corps; mais chaque particulier, en qualité
« de sujet, est considéré comme individu : ainsi
« le souverain est au sujet comme dix mille est à
« un; c'est-à-dire que chaque membre de l'état
« n'a pour sa part que sa dix-millième partie de
« l'autorité souveraine, quoiqu'il lui soit soumis

« tout entier. Que le peuple soit composé de cent
« mille hommes, l'état des sujets ne change pas,
« et chacun porte également tout l'empire des lois,
« tandis que son suffrage, réduit à un cent-mil-
« lième, a dix fois moins d'influence dans leur
« rédaction. Alors le sujet restant toujours un, le
« rapport du souverain augmente en raison du
« nombre des citoyens. D'où il suit que plus l'état
« s'agrandit, plus la liberté diminue (1). »

Le vice de cette forte argumentation provient de
ce que Rousseau y considère le sujet comme simple individu, comptant purement et simplement
comme une unité, et qu'il ne tient compte que de
sa volonté personnelle, abstraction faite de sa volonté générale inséparable du citoyen, chose qu'il
avait pourtant parfaitement établie, et que réfute
complétement la citation précédente. « Le citoyen
« consent à toutes les lois, même à celles qu'on
« passe malgré lui, et même à celles qui le punis-
« sent lorsqu'il ose en violer quelqu'une. La vo-
« lonté constante de tous les membres de l'état est
« la volonté générale ; c'est par elle qu'ils sont ci-
« toyens et libres. Quand on propose une loi dans
« l'assemblée du peuple, ce qu'on leur demande
« n'est pas précisément s'ils approuvent la propo-
« sition ou s'ils la rejettent, mais si elle est con-

----

(1) *Contrat social*, liv. III, chap. 1.

« forme ou non à la volonté générale *qui est la*
« *leur* (1). » Le citoyen voulant de sa volonté générale la loi qu'on passe contre sa volonté particulière, est donc sujet comme un, et souverain
comme cent mille. En entrant en société il a cessé
d'être une unité isolée, pour devenir unité collective, portion d'un grand tout, à la force et à la
volonté duquel il est associé; en se soumettant à
une puissance essentiellement droite et juste, il n'a
perdu que le droit de nuire à autrui, et il n'est
véritablement libre que parce qu'il porte tout
l'empire des lois. Disons donc : Plus un peuple
soumis aux lois est nombreux, plus il est libre.
Disons encore contre une autre opinion que Rousseau a empruntée de Montesquieu : La liberté est
un fruit de tous les pays, puisque la monarchie
représentative est applicable aux plus grands
empires. Rousseau, pour montrer qu'il n'y a de
liberté que dans les petits états, dit que plus ils
s'étendent, plus aussi la force du gouvernement
doit s'étendre au préjudice des citoyens. Mais nous
avons vu que, dans le gouvernement des trois
pouvoirs, la liberté générale est d'autant plus grande
que ces pouvoirs jouissent de plus d'indépendance
et d'énergie.

Dans la démocratie, l'état est la chose privée (*res*

---

(1) *Contrat social*, liv. **IV**, chap. 11.

privata) des plus hardis et des plus habiles, qui se passent tour à tour le maniement de la fortune publique; dans l'aristocratie, l'état est la chose privée de quelques familles; dans la monarchie absolue, l'état est la chose privée d'un seul homme; dans le gouvernement représentatif, l'état est la chose de tous (*respublica*), tous participant à la direction des affaires publiques (1).

Le gouvernement formé d'un seul élément politique (bien que les deux autres n'en soient jamais totalement exclus) tombe en dissolution lorsque le principe unique dans lequel il réside est entièrement vicié. Il n'en est pas ainsi de la monarchie représentative composée de trois pouvoirs. L'un altéré, les deux autres se substituent à son action et la continuent, en la ramenant à sa direction normale. C'est un vaisseau savamment lesté et gréé, qui, ayant perdu un de ses mâts, fend les flots courroucés, et de quelque côté que le fasse pencher la tempête, tend à reprendre son équilibre, et le retrouve lorsque l'orage commence à s'apaiser. Bien en prend à notre chère France : attaquée dans ses institutions par la ruse et l'audace de tous les partis; inquiétée par la foi douteuse des étran-

---

(1) « J'appelle donc république tout état régi par des lois.... « Tout gouvernement légitime est républicain. » (*Contrat social*, liv. II, chap. VI.) Rousseau ne regarde comme *légitimes* que les gouvernements où le peuple obéit aux lois qu'il a faites.

gers ; troublée par les bruyantes collisions de la chambre élective et les votes rancuniers de la chambre aristocratique; remuée dans tous les sens par une presse ou perfide ou consciencieusement révolutionnaire, dont la licence passe à travers les lois, et n'a que trop de prise sur une nation dont l'éducation politique peu avancée ne saurait fournir un jury assez éclairé et assez ami de la liberté pour en réprimer efficacement les excès; affaiblie par une opposition jalouse et irritée, qui ôte sciemment au gouvernement les moyens de gouverner, et dont les attaques causent les maux qui servent de thème à ses déclamations; tourmentée par les émeutes et les factions; souffrant de la misère de ses travailleurs, accrue encore et ulcérée par l'image d'une félicité improvisée que mettent sous ses yeux d'ardents utopistes (1); cette chère France se soutient pourtant en chancelant sur l'équilibre de ses lois; elle résiste, et n'attend que le moment d'un peu de bonheur et de sagesse publique pour prendre son assiette, plus ferme, plus belle, plus forte et plus florissante que jamais.

Je sais d'avance, en écrivant ceci, l'inévitable objection qu'on va me faire de la supériorité qu'offre le gouvernement des États-Unis de l'Amérique du nord. Cette objection est spécialement faite par

---

(1) J'écrivais ceci à la fin de février 1832.

trois sortes de personnes : l'une, de celles qui, pleines d'une juste estime pour un peuple qui doit sa liberté à lui-même, étend ses éloges à tous les faits qui ont été le résultat de cette émancipation; l'autre, la plus nombreuse, celle des hommes qui jugent sur parole, et qui reportent sur les républiques du Nouveau-Monde une admiration convenue et leur enthousiasme de collége ; la troisième enfin, de ceux dont les louanges bruyantes et calculées ne sont que la satire de leur propre gouvernement, et un moyen d'en troubler la marche et d'en empêcher l'affermissement. Quant à nous qui croyons que la parole est uniquement consacrée à la vérité, nous louons sans réserve ce qu'ont d'utile et de beau les institutions américaines, la liberté illimitée de la presse d'où dépendent toutes les autres libertés, et dont l'action, loin de présenter des inconvénients dans un pays où la sympathie des idées fausses et désorganisatrices perd ce qu'elle a de contagieux sur un immense territoire, a plutôt l'avantage d'en lier toutes les parties; nous louons l'adoption et la mise en pratique de toutes ces idées neuves et bienfaisantes, les immenses travaux d'utilité générale entrepris par le gouvernement et les particuliers, l'humanité introduite dans les prisons (1), et avant tout, les soins donnés

---

(1) Quelques abus introduits dans le régime des pénitenceries ne détruisent pas l'esprit de l'institution.

à la généralisation de l'instruction. Mais le bien dont nous convenons avec plaisir ne nous aveugle point sur le mal qui existe et sur les vices intrinsèques du gouvernement américain. Notre critique n'est pas malveillance; elle est inspirée par le désir de dissiper les illusions que se plaisent à entretenir les ennemis de nos institutions, et de nous faire sentir de plus en plus le bonheur d'être Français. Au reste, c'est déja un grand pas de fait dans les théories politiques, de n'avoir à opposer que la république représentative à la monarchie constitutionnelle.

On juge un arbre par ses fruits : jugeons le gouvernement des États-Unis d'après les mœurs publiques, qui sont les fruits les plus importants des institutions. Suivant le *New-york Observer* de 1830, sans la *Société de tempérance* , le pays eût péri par excès dans l'usage des boissons fortes; on comptait à cette époque jusqu'à deux cent mille morts et vingt mille malades par an pour cause d'intempérance; les prisons d'une seule ville renfermaient quatre mille débiteurs ou malfaiteurs, devenus tels pour se procurer des liqueurs spiritueuses. C'est un spectacle qui donne à penser que celui d'une nation que ses moralistes condamnent, sous peine de vie physique et intellectuelle, à ne plus boire que de l'eau; c'est aussi un spectacle beau et honorable, celui d'une innombrable foule de citoyens, hommes et femmes, se soumettant à un tel régime, que le temps mitigera sans doute et ramènera à des conditions moyennes, sans lesquelles rien n'est bon.

On a vu plus de trente mille Américains quitter leurs domiciles lointains pour venir assister au supplice d'un malfaiteur, attendre plusieurs jours avec impatience le moment de l'exécution, et former des séditions parce qu'elle était différée. Demandez à des personnes impartiales qui ont parcouru les États-Unis quelle est l'hospitalité, la prévenance et la cordialité des habitants; interrogez-les sur le rang subalterne qui y est assigné aux femmes, sur l'esprit de probité générale et sur l'horreur de la chicane; informez-vous si l'on y est facilement honnête homme autrement que de par la loi, et s'il y a sûreté hors des formes rigoureuses qu'elle prescrit; écoutez ce qu'on vous répondra, et persistez, si bon vous semble, dans vos admirations.

Que si vous voulez apprécier l'Amérique par la généralité du bon sens et de l'esprit philosophique et littéraire, songez aux idées sottes et mesquines de toutes les sectes qui s'y donnent rendez-vous, qui ne laissent sans culte aucune superstition, et qui ne s'accordent que pour penser qu'être triste et grave le jour de dimanche est le *nec plus ultra* de la sagesse religieuse. Songez à leurs *Revival*, à leurs *Preyens-Meeting*, à leurs *Camps-Preyens*, qui vous reportent aux fêtes absurdes et obscènes du moyen âge.

Si ce n'était l'auteur du *Corsaire rouge* et des *Mohicans*, on douterait si ses compatriotes sont susceptibles d'être dignement inspirés par le caractère gigantesque de leurs forêts, de leurs montagnes, de leurs lacs et de leurs fleuves. Le génie américain semble surtout industriel.

Quant à la moralité du gouvernement, on sera douloureusement affecté si l'on songe à la manière dont il cherche à s'emparer de ce qui reste du territoire des *Hommes rouges*, en tuant avec *l'esprit de mort* ce qui a échappé aux coups de fusil de ses milices. Son impuissance ou son défaut de volonté pour faire exécuter les lois à l'égard d'une certaine classe de personnes s'est montrée dans l'impunité des assassins d'un franc-maçon coupable d'avoir divulgué les secrets de sa loge, les témoins ayant refusé de comparaître. Dans plusieurs états de l'U-nion, l'esclavage qui, dans les temps de barbarie et d'anthropophagie, est un bienfait relatif, mais qui dans les siècles de civilisation est un des plus grands crimes contre la nature humaine, est sous la protection des lois. Tous les états tolèrent et sanctionnent la vente temporaire des personnes et du travail des indigènes et des étrangers. Près du sixième de la population y est esclave.

Treize millions d'individus seulement vivent sur un territoire qui a assez d'étendue pour nourrir autant d'habitants qu'en contient dans ce moment le globe entier, et cependant le paupérisme commence à s'y introduire, avec la taxe des pauvres, la corvée, et l'impôt sur le sel.

Pour ce qui concerne *le bon marché* tant prôné de ce gouvernement, il faut en rabattre de beaucoup, y eût-il exagération d'un tiers dans les calculs de M. Saulnier, qui, sur des pièces et des témoignages en partie officiels, a établi que les impositions de chaque individu de l'Union, comparées à celles que paie chaque Français, sont dans le rapport de 35 à 33 (1). Songeons, pour porter un jugement équitable sur cet objet, que les États-Unis sont un pays neuf, immense relativement au nombre de ses habitants, qu'il devrait regorger de tout, et être l'*Eldorado* de l'univers ; et que notre France payant les intérêts d'une énorme dette qui se réduit chaque jour, est encore dans les dernières agitations d'une révolution de près d'un demi-siècle, qu'avait précédée un régime dévorant et arbitraire.

Il est un terme de comparaison qui nous fera juger approximativement du degré réel de bien-être

---

(1) « Eu égard à l'*agrandissement* progressif des États-Unis, « il est probable que ces contributions *excèdent matériellement* « celles qui se paient dans d'autres pays pour les mêmes objets. » On sent combien l'aveu de cette vérité a dû coûter à M. Cooper par la manière dont il s'est exprimé. Ne dirait-on pas que les impositions se paient autrement que matériellement, et que l'agrandissement des états est une cause d'augmentation plutôt que de diminution des impositions ?

matériel dont jouissent les citoyens des États-Unis. AUCUNE DENRÉE N'Y EST AUSSI CHÈRE QUE LE TRAVAIL: telle est la raison qui y pousse des nuées de travailleurs européens. La journée de l'ouvrier se paie plus du double de ce qu'il reçoit en France. Le prix trop élevé tourne contre ceux mêmes qui en profitent momentanément, et qui doivent toujours tendre à devenir chefs d'industrie agricole ou manufacturière; il est nuisible à l'accroissement de la richesse générale, en arrête le progrès, et ramène la civilisation aux premiers âges de la société, où chacun est son propre serviteur, où chaque famille se suffit à elle-même et exerce tous les métiers de première nécessité, de laboureur, de bûcheron, de pasteur, de tisserand, de tailleur, de cordonnier, de maçon, de menuisier, de charpentier (1). Triste bonheur qui laisse à regretter les relations et les services d'un bon voisinage! D'un autre côté, dans les pays où le travail est trop bon marché et où le salaire des ouvriers est de quinze à vingt sous par jour, la société est toute au profit de ceux qui ont des capitaux en terre ou en argent, et qui, au moyen du travail d'autrui qu'ils salarient aussi mesquinement qu'il leur est possible, acca-

---

(1) Dans quelques parties des États-Unis, les charpentiers reçoivent un dollar et demi par jour, et ils travaillent avec des gants.

parent toutes les jouissances en même temps qu'ils accroissent graduellement leur fortune. Un salaire modéré, suffisant pour fournir une subsistance saine et abondante à l'ouvrier, et lui donner les moyens de faire une petite économie quotidienne, qu'il place dans des caisses d'épargne (1), est un des signes les plus caractéristiques de la prospérité matérielle d'une nation. Le salaire en Amérique est aussi éloigné du terme moyen que dans diverses parties de l'Europe. L'élévation du prix de main-d'œuvre nécessite peut-être dans le premier de ces pays l'établissement de ces nombreuses banques particulières, dont les faillites ruinent périodiquement certains districts. L'Amérique est le pays classique des banqueroutes ; il suffit de jurer qu'on ne peut payer pour en être dispensé. On suppose que celui qui a été assez malhonnête homme pour ruiner ses créanciers, sera assez religieux pour ne pas prêter un faux serment.

Du reste, on peut se faire une idée assez juste du degré de prospérité physique dont jouissent les citoyens des États-Unis, par ce que dit Franklin dans l'avis qu'il donne aux Européens disposés à émigrer en Amérique : « La vérité est que, quoi-

---

(1) Ces caisses devraient être administrées gratuitement par des agents du gouvernement, ainsi que nous l'avons dit dans le troisième volume du *Rapport de la nature à l'homme*, etc., et dans nos *Principes de littérature*, etc.

« que le peuple de ce pays ne soit pas en général
« aussi pauvre que celui d'Europe, il y a très-peu
« de gens parmi nous qui dans l'ancien monde
« pourraient passer pour riches; il y a peu de
« grands propriétaires de terre, peu de fermiers;
« il faut que le peuple cultive lui-même ses terres,
« ou s'attache à quelque métier ou négoce. Très-
« peu sont assez riches pour payer des ouvrages de
« peinture, de sculpture, d'architecture. Aussi ceux
« des Américains qui ont du talent naturel pour
« ces sortes d'arts ont tous quitté le pays pour
« l'Europe où leur travail est plus convenablement
« récompensé. »

Si donc la France et l'Angleterre n'ont pas grand'-
chose à envier à l'Amérique pour le bien-être physique, encore moins cela est-il pour les jouissances
morales et sociales. L'homme ne vit pas seulement
de pain et de chair : il est une autre nourriture
plus appropriée à sa vie intellectuelle et collective;
c'est de celle-ci qu'il tire principalement ce qui le
rend estimable et heureux; il est temps d'en étudier les éléments, la composition et les résultats,
ainsi que nous l'avons promis.

La famille est l'élément social primitif; son premier besoin est d'exister, et pour cela il est nécessaire que chacun des individus qui la composent
trouve, ou par ses propres forces ou par l'aide
d'autrui, une nourriture abondante et assurée, ce
qui ne peut s'obtenir que par le dévouement de la

mère, la force, le courage et l'habileté du père secondé de ceux de ses enfants dont l'âge a développé les facultés. Ici déjà commence la vie morale collective de plusieurs individus; elle est d'autant plus intense et plus élevée que les rapports qui unissent les faibles aux forts y sont plus étroits et plus sympathiques.

Cette vie, résultat d'actions et de sentiments communs, est élastique et expansive; elle a commencé à s'étendre du père aux enfants et de ceux-ci au père. Elle a ses points de contact et de fusion avec les familles voisines, sur lesquelles elle exerce une influence d'autant plus grande que la considération dont jouit le père et que l'union des enfants sont plus grandes. Ce qui se passe entre individus aura lieu entre plusieurs collections d'individus. La force morale des peuplades est en raison du courage et des mœurs des familles et de la renommée des chefs.

Franchissons un intervalle immense : des huttes qui abritent une peuplade sauvage ou demi-sauvage entrons dans un village chrétien. La cohésion, qui n'était guère que dans des sentiments et des idées de conservation personnelle, s'opère entre des sentiments d'un ordre plus élevé et des idées qui ont une action toute-puissante sur l'humanité; ils s'y réunissent autour de la maison commune, du presbytère et du clocher; ils y vont sans cesse et en reviennent; et, dans les solennités politiques et religieuses, rassemblant dans un même lieu et pour une même fin hommes, femmes et enfants, ils font de tous les cœurs un même cœur, de tous les esprits un même esprit s'élevant à la patrie et à Dieu. Faites disparaître la mairie, le maître d'école, le marguillier et le curé, tous les pensers, toutes les affections se décomposent et redeviennent individuelles. Vous n'avez que des êtres infirmes, des paysans grossiers et isolés, vivant de la vie des animaux les plus abjects.

La vie se compose et se dilate encore davantage dans les cités et les capitales. On a de la peine à y retrouver son individualité, si l'on n'a su se faire une solitude dans ses foyers. Sans cesse on est attiré hors de soi par des milliers de sympathies physiques et morales. Chaque idée, chaque sentiment personnel est teint des idées et des sentiments de tous. On y fait son existence propre de l'existence collective perfectionnée par l'industrie, les sciences, les arts, la morale et la religion ; une sorte de fermentation générale en développe et en étend la sphère. Aussi l'on peut dire que l'homme n'est complet que lorsqu'il vit ou qu'il a vécu dans les capitales.

Le mouvement excentrique a surtout lieu vers les sommités sociales. Les citoyens tendent aussi nécessairement au pouvoir qu'un gaz plus léger que l'air tend à s'y élever. L'attraction centrale a son foyer dans les chambres et dans le gouvernement.

Les talents et le patriotisme peuvent prétendre à tout, à la présidence de la chambre élective ou aristocratique et à celle du ministère, qui dans les monarchies représentatives est une espèce de sous-royauté. *Rex est qui regit :* Celui-là est roi qui gouverne, dit Grotius.

Ici est tronqué le corps politique des États-Unis. *Le président y représente la majesté du peuple américain* (1). La force des choses a déjà appris à ce dernier que les moyens de REPRÉSENTER accordés à son premier magistrat sont insuffisants. On a et l'on aura beau faire, le moral n'est et ne sera jamais indépendant des sens. « Ne négligez pas, » dit Rousseau, qu'on n'accusera pas d'être un tiède républicain, « une certaine décoration publique; « qu'elle soit noble, imposante, et que la magni- « ficence soit plus dans les hommes que dans les « choses. On ne saurait croire à quel point le cœur « du peuple suit ses yeux, et combien la majesté « des cérémonies lui en impose (2). » Voici comment parle le secrétaire d'état du trésor de l'Union, dans un discours du 6 décembre 1830 : « Des trai- « tements moins parcimonieux feront cesser cet « inconvénient, en même temps qu'ils permettront « à nos ministres de remplir les devoirs de l'hospi-

---

(1) Cooper.
(2) *Considérations sur le gouvernement de Pologne.*

« talité envers leurs compatriotes, et faciliteront
« les rapports sociaux des citoyens des États-Unis
« avec ceux des autres nations; *l'augmentation de*
« *ces traitements relèvera le caractère américain*
« *aux yeux de l'étranger*, et contribuera au succès
« des négociations à venir. » Par une conséquence
nécessaire, le président des États-Unis, avec la mo-
dicité de son traitement, les conditions attachées à
sa place et son changement périodique, ne peut dignement *représenter*, faire un peu le roi, et *relever
suffisamment le caractère américain auprès de ses
concitoyens et de l'étranger*. Il manque une coupole
à l'édifice de l'Union.

Ne soyons pas dupes de vaines théories, restons
dans le vrai, et consultons la nature des choses suivant laquelle a été constitué l'ordre social; là est
seulement la vérité et la règle des associations humaines. Tout ce qui se fait contre ces directions
suprêmes est vicieux; tout ce qui n'en atteint pas
les exigences est défectueux et tend sans cesse à son
complément. Or, l'homme n'a pas uniquement été
fait positif et borné par la matière; il ne se heurte
pas à chaque instant contre les parois rappro-
chées dont la politique a muré ses vœux. Il y a en
lui du vague et de l'infini; il en cherche l'objet
dans la société comme il le cherche dans l'univers,
et s'il ne le touche ou ne le pressent, il le demande
avec inquiétude à ses institutions imparfaites. La
politique a aussi sa poésie.

Au-delà de l'horizon visible tracé par le législateur, au-dessus de la royauté qui gouverne et administre et de l'atmosphère des passions, le génie de la politique a placé la ROYAUTÉ QUI RÈGNE. Centre de tous les rayons qu'elle rassemble et réfléchit plus éclatants; majesté personnifiée de la nation; sphère immense et lumineuse où jouent et respirent à l'aise toutes les gloires et toutes les ambitions légitimes; barrière infranchissable de celles qui sont désordonnées; propriété de tous, puisqu'elle est la plus générale des utilités; sainte par son innocuité, car elle ne peut vouloir le mal sans se haïr elle-même; inviolable parce qu'elle est sainte, réparatrice des torts de la fortune envers la gloire et la vertu; vengeresse des lois dont elle tient l'épée, et dont elle adoucit l'inflexible rigueur par la clémence et l'équité; ayant pour premier sujet le roi, auquel commandent les lois ainsi qu'à tous les citoyens; vivante encore et pleine de raison lorsque le roi est mort ou que ses facultés mentales sont aliénées : cette royauté qui serait la plus belle des fictions légales, si elle n'était un besoin impérieux et une réalité toute-puissante du génie des grandes nations, achève l'ordre social, et en est le faîte imposant. C'est à l'absence de ce centre sublime d'attraction et d'expansion qu'il faut attribuer ce que partout le protestantisme, et aux États-Unis le républicanisme, ont de mesquin, d'égoïste, d'étroit et de froid dans les mœurs, les arts et les institutions (1).

Le catholicisme, non tel que l'entend l'ultramontanisme, mais tel que le conçoit l'esprit philosophique après l'avoir purgé de la rouille des supersti-

---

(1) Qu'on ne prenne pas pour un jeu d'esprit et un lambeau de rhétorique cet éloge de la *royauté transcendantale* ; nous croyons qu'elle est dans le sentiment et dans l'imagination des peuples. Voici ce que dit Cicéron : « Les anciens Romains ne « nommaient point ceux à qui la loi les avait soumis maîtres, « seigneurs, ni même rois; ils leur donnèrent le nom de gar-« diens de la patrie, de pères et de dieux; et cela avec raison, « suivant ce qu'ils disaient : VOUS AVEZ ENGENDRÉ LA PATRIE! A « VOTRE JUSTICE NOUS DEVONS LA VIE, LA GLOIRE ET L'HONNEUR. » *Non heros, nec dominos appellabant eos quibus justè paruerunt: denique ne reges quidem; sed patriæ custodes, sed patres et deos. Nec sine causâ ; quid enim adjungunt?*

Tu produxisti nos intrà luminis auras.

Vitam, honorem, decus sibi datum justitiâ regis existimabant. (*De Republicâ*, lib. I.) Chez tous les peuples, la justice s'est rendue au nom du roi, parce que la justice, étant le ciment et la sanction de l'ordre social, est présumée découler du chef de la société. C'est sans doute l'idée vague de la société conservée par la justice dont le roi est le gardien, qui élève si fort la royauté dans l'instinct des peuples lorsqu'il est laissé à sa pente naturelle. « Dans la royauté, dit Rousseau, un individu repré-« sente un être collectif. » (*Contrat social*, liv. III, chap. VI.) Au-dessus de l'empereur qui gouverne, les philosophes chinois reconnaissent un empereur suprême (chang-ti) qui *règne*.

11.

tions et accommodé aux besoins de la civilisation moderne, le catholicisme et la monarchie représentative établissent le niveau de l'égalité sur les plus hautes sommités, tandis que l'esprit républicain le place ras de terre, et abaisse tout ce qui tend à s'élever; c'est moins amour de l'égalité que haine de toute supériorité, aplatissement universel du monde moral. Mais les lois et l'envie ne détruisent point la nature; quoi qu'elles fassent, elles ne peuvent se passer d'aristocratie, qui est une des nécessités de l'ordre social. Il est curieux de voir comment, dans le pays où l'on suppose que règne le plus d'égalité, on est le plus curieux de distinctions. Maisons, voitures, harnais, vaisselle, tout est tatoué d'armoiries dans la république américaine. Les prêtres, les chefs de secte, les missionnaires, y sont les aristocrates et les hommes de bon ton.

Entrons maintenant dans le fond de sa constitution. Chacun de ses États a ses lois et son administration particulière, et est lié au faisceau des autres États par des lois communes que font un sénat, un corps législatif et un président temporaires. Il y a non-seulement plusieurs pièces dans la machine politique, mais elle est une réunion de plusieurs machines agissant séparément pour leur propre compte, et soumises dans certains cas au même moteur général. C'est une république de vingt-quatre républiques. On voit, d'après ce simple exposé, que si l'absolutisme pèche par trop de simplicité, le gouvernement des États-Unis pèche par trop de complication. Nous n'en sommes pas moins persuadé que cette organisation a été appropriée aux besoins du moment. Un aussi vaste pays ne pouvait se passer de plusieurs centres d'action qui portassent la vie et le mouvement là où n'aurait pu le faire parvenir une direction unique placée à des distances immenses. De plus, à une population non homogène il fallait des lois et des gouvernements divers.

Mais cette jonction fédérale de plusieurs touts d'abord réunis pour le salut commun est déja relâchée; elle se dissoudra lorsque les motifs qui l'ont produite auront fait place à d'autres motifs d'utilité. Cette transformation s'annonce déja dans le lointain (1). Des intérêts opposés, inhérents au sol et au climat fermentent dans le Nord, et dans le Sud; il y a lutte entre l'esprit d'esclavage et l'esprit d'égalité, entre les exigences de l'agriculture et celles de l'industrie. D'un autre côté, la diminution des impositions et une plus grande somme de vie personnelle pour chaque État qui résulteraient de la rupture du pacte fédéral, sont une dangereuse tentation. Comment se figurer que, lorsque l'Union contiendra le tiers ou la moitié

______

(1) Les doctrines de la *nullification* qui attribuaient à la législature de chaque État le droit de reviser les décisions générales, ont déja donné l'éveil à l'esprit d'émancipation.

des habitants qu'elle peut nourrir, chacun de ses
États ne voudra point être maître chez lui, jouir
de son indépendance absolue, et avoir son président ou son roi? L'exemple donné par un seul
entraînerait tout le reste, d'autant mieux qu'en
vraies théories politiques les avantages des confédérations sont abondamment compensés par des
traités d'alliance inoffensifs, uniquement fondés sur
des besoins d'existence et de sécurité réciproques.
Dans tous les cas, l'accroissement de la population
américaine, jusqu'à une certaine mesure, nécessitera
une augmentation de force et d'action dans le pouvoir central.

Si donc la fédération américaine, telle qu'elle
est présentement constituée, n'est pas le gouvernement-modèle qu'on prétend, elle est destinée à
éprouver un mouvement de progression, lequel bien
certainement aura lieu vers la monarchie représentative, que nous avons montré être le gouvernement le plus complet de tous. Lorsque les trois
pouvoirs y jouissent de la plénitude de leur énergie, il assure au plus haut degré la liberté, l'égalité
et la propriété de tous les citoyens. Il renferme en
lui seul tous les avantages que présentent les diverses phases par lesquelles a passé la civilisation,
sans en avoir les inconvénients. On y jouit, dans
la vie privée, de l'indépendance des peuplades
sauvages; dans la vie publique, de la liberté des
républiques, de la dignité des aristocraties, du

calme et de la force des monarchies pures. Le peuple y est plus roi que dans les républiques représentatives, où le gouvernement une fois nommé l'est pour le temps fixé par la constitution; tandis que, au moyen du vote de l'impôt et du refus de donner la majorité à tel ou tel ministère, la chambre des communes en Angleterre, et la chambre élective en France, nomment en quelque sorte les ministres. Ceux donc qui songent à introduire parmi nous le régime américain sont, pour ne rien dire de pis, de bien imprudents amis. Qui ne voit qu'avec nos mœurs et notre position topographique, on ne pourrait tous les quatre ans rassembler dans les colléges électoraux les citoyens inscrits au rôle des contributions, pour choisir leurs mandataires aux deux chambres, nommer les ministres et le *roi-président*, sans bouleverser de fond en comble la France et l'Europe entière? Nous pouvons donc répéter avec confiance ce que nous avons dit au commencement de ce chapitre; savoir, que:

LA SOUVERAINETÉ DU PEUPLE N'A SON EXERCICE PLEIN ET NORMAL QUE DANS LA MONARCHIE REPRÉSENTATIVE. En effet,

LA MONARCHIE REPRÉSENTATIVE N'EST QUE LA SOCIÉTÉ SE PROTÉGEANT, SE JUGEANT, S'ADMINISTRANT SE GOUVERNANT ELLE-MÊME PAR SES POUVOIRS NATURELS ET POLITIQUES.

Vous voyez par là que la monarchie représentative est la vraie république, suivant la définition qu'en donne Cicéron : *Respublica, res populi;* RÉPUBLIQUE, CHOSE DU PEUPLE. « J'appelle donc ré-« publique, dit Rousseau, tout état régi par des « lois, sous quelque forme d'administration que ce « puisse être (1). » Notez bien cependant que par lois il n'entend que celles qui sont faites par le peuple.

Il suit de ce qui précède, que dans le gouvernement représentatif il y a *légitimité*, ce qui n'aurait pas besoin d'autres preuves que celles que nous avons données, si quelques hommes recommandables par leurs talents, leur caractère et leur position sociale ne pensaient qu'il ne peut y avoir légitimité que dans la royauté dynastique et de droit divin. Nous leur dirons que ce n'est que par usurpation que l'ancienne royauté devint héréditaire d'élective qu'elle était auparavant; au lieu que notre royauté constitutionnelle est héréditaire en vertu du pacte social et de la volonté nationale. Si la première est de *droit divin*, celle-ci ne l'est pas moins, car Dieu veut et légitime tout ce qui est utile aux hommes, notamment la stabilité des gouvernements et le perfectionnement de la société. Du reste, ces considérations seront mises dans un plus grand jour à la fin du chapitre qui suit.

____

(1) *Contrat social*, liv. II, chap. VI.

CHAPITRE XI.

*De l'acte qui constitue essentiellement la souveraineté
du peuple.*

> « Tous les actes du souverain ne peuvent être que des lois. »
> *Contrat social*, liv. III, chap. i.

Chaque être moral, soit individuel soit collectif, est soumis à deux forces qui le dominent : l'une qui est hors de lui, supérieure à lui ; l'autre qui est en lui, qui est lui ; et qui est la coopératrice de la première : celle-là appartient à la nature ; celle-ci à notre volonté et à notre raison. Si une troisième force parvient à se substituer à l'une des deux ou à toutes les deux, il y a trouble, usurpation, et l'homme et la société détournés de leur fin cessent de s'appartenir.

A ces deux forces régulatrices nous avons donné le nom de loi (νομος) *règles* de nos actions individuelles et sociales. Rien, en effet, ne mérite mieux le nom de règle que la force intelligente qui conduit les créatures à leur fin. Il y à donc deux sortes de lois, les LOIS NATURELLES et les LOIS POLITIQUES.

Toute loi politique qui ne dérive point de la loi naturelle ne conduit ni l'homme ni la société à sa destination.

La loi supposant donc la connaissance de la destination de l'homme et de la société, ne peut être faite par ceux à qui cette connaissance est étrangère. Tous, il est vrai, veulent cette fin, mais le plus grand nombre ignore les moyens d'y parvenir (1). Il faut une longue éducation à un peuple

---

(1) « Le peuple soumis aux lois en doit être l'auteur; il n'ap-
« partient qu'à ceux qui s'associent de régler les conditions de
« la société. Mais comment les régleront-ils? Sera-ce d'un com-
« mun accord par une inspiration subite? Le corps politique
« a-t-il un organe pour énoncer ses volontés? Qui lui donnera
« la prévoyance nécessaire pour en former les actes et les pu-
« blier d'avance? ou comment les prononcera-t-il au moment
« du besoin? Comment une multitude aveugle, qui souvent ne
« sait ce qu'elle veut, parce qu'elle sait rarement ce qui lui est
« bon, exécuterait-elle d'elle-même une entreprise aussi grande,
« aussi difficile qu'un système de législation? De lui-même le
« peuple veut toujours le bien, mais il ne le voit pas toujours.
« La volonté générale est toujours droite, mais le jugement qui
« la guide n'est pas toujours éclairé. Il faut lui faire voir les
« objets tels qu'ils sont, quelquefois tels qu'ils doivent lui pa-
« raître, lui montrer le bon chemin qu'elle cherche, la garantir
« des séductions des volontés particulières, rapprocher à ses
« yeux les lieux et les temps, balancer les attraits des avantages
« présents et sensibles par le danger des maux éloignés et cachés.
« Les particuliers voient le bien qu'ils rejettent; le public veut
« le bien qu'il ne voit pas. Tous ont également besoin de guides.

pour qu'il soit auteur de la loi à laquelle il doit obéir. Donnons la définition de la loi.

Loi naturelle : FORCE QUI CONDUIT LES ÊTRES A LEUR FIN. ELLE Y CONDUIT NÉCESSAIREMENT LES ÊTRES INORGANIQUES ET LES VÉGÉTAUX SANS QU'ILS AIENT LA CONSCIENCE DE SON ACTION ; ELLE Y CONDUIT VOLONTAIREMENT LES ÊTRES SENSIBLES, ET LIBREMENT LES ÊTRES MORAUX, EN LEUR FAISANT CONNAITRE LA RÈGLE A LAQUELLE ILS DOIVENT OBÉIR. L'HOMME TENANT A TOUS LES RÈGNES DE LA NATURE, EST SOUMIS A LA DIRECTION DE TOUTES LES LOIS NATURELLES.

Loi politique : EXPRESSION DES BESOINS DE LA SOCIÉTÉ OU DE LA VOLONTÉ GÉNÉRALE, MANIFESTÉE PAR LES POUVOIRS CONSTITUÉS DE L'ÉTAT, ET RÉALISÉE PAR LA FORCE DE TOUS. RÈGLE DES ACTES SOCIAUX.

Puisque la loi naturelle est la règle des êtres inorganiques, organiques, sensibles et moraux, il faut conclure que L'ORDRE existe, car la règle n'est destinée qu'à soumettre nécessairement ou librement à l'ordre les créatures pour qui elle est faite.

« Il faut obliger les uns à conformer leurs volontés à leur raison ; il faut apprendre à l'autre à connaître ce qu'il veut. » (*Contrat social,* liv. II, chap. vi.) Après s'être évertué à prouver que le peuple a seul le droit de faire la loi, Rousseau montre, on ne peut mieux, qu'il est incapable de la faire.

Puisque l'ordre existe, existe l'ordonnateur : DIEU EST.

L'ordre est ce qui conduit les êtres *droit* à leur fin (1).

Le DROIT est pouvoir actuel ou virtuel conforme à l'ordre.

Rien n'est autant conforme à l'ordre que la satisfaction des besoins qui ont été donnés aux créatures par l'ordonnateur suprême : LE DROIT EST DONC LA SANCTION DE TOUS LES BESOINS INDIVIDUELS ET SOCIAUX.

Des êtres de même nature ont un droit égal à la satisfaction de leurs besoins ; LA JUSTICE, QUI DISPENSE ÉGALEMENT LES MOYENS DE SATISFAIRE CES BESOINS, N'EST DONC QU'UNE APPLICATION DU DROIT, UN COROLLAIRE DE L'ORDRE, UNE VOLONTÉ DE DIEU.

Nous voyons donc que ce n'est pas la loi qui a fait la justice, le droit, l'ordre, lesquels lui étaient antérieurs, et que l'ordre, le droit, la justice, la loi, ont en Dieu leur principe et leur sanction.

La loi est donc essentiellement religieuse, ainsi que l'ont compris tous les anciens législateurs.

La loi n'est pas pour cela de telle ou telle religion ; elle est du principe, des moyens et de la fin

---

(1) Notre vieille langue française était profondément entrée dans le sens de ce mot DROIT. « Dieu qui est juge *droiturier* sur « tous autres. » (*Établissements de saint Louis.*)

de toutes les religions : le principe est Dieu ; les moyens, l'amour de Dieu et du prochain ; la fin, l'union, le bonheur et le perfectionnement de tous.

La loi annonce Dieu en *promulguant* le droit ; c'est de cette propriété de promulguer qu'elle tire son autre nom (*lex*). Elle écrit, elle donne à lire ou sur l'airain ou dans les cœurs, ce qu'elle commande et ce qu'elle défend. En réunissant les deux définitions, LA LOI EST RÈGLE PROMULGUÉE DES ACTES SOCIAUX.

Montesquieu, d'après Cicéron, a défini la loi : RAPPORT NÉCESSAIRE DÉRIVÉ DE LA NATURE DES CHOSES. La nature établit et maintient les rapports ; le législateur humain les étudie, les découvre et les promulgue pour qu'ils soient règle sociale. Les rapports sont les rayons, les termes moyens, qui partent de l'essence des êtres et aboutissent à leur fin. Essence, rapports, fin des créatures, sont actifs et intelligents dans la nature, et servent de type à tout ce que l'homme produit de bon et de raisonnable. On voit, d'après cela, que le peuple qui n'obéit pas à ses rapports, qui ne fait pas ses lois d'après celles de sa nature, n'est pas maître de lui-même, n'est pas souverain.

La différence qui existe entre la loi naturelle et la loi politique, est que la première veut et exécute en même temps ; au lieu que la seconde veut et fait ensuite exécuter au moyen d'un pouvoir délégué à cet effet. Pour celle-là, tous les pouvoirs sont réunis dans le législateur suprême; pour celle-ci, ils sont divisés dans le législateur faible et sujet à l'erreur. Cette considération indique l'origine naturelle du gouvernement, distinct du souverain. Celui-ci a mission de faire les lois, celui-là de les faire exécuter.

Les données précédentes nous fournissent les moyens de définir la souveraineté du peuple (1), et de montrer qu'elle n'existe que là où la nation participe à la confection de la loi.

Souveraineté du peuple : Loi, CONSÉQUENCE DE L'ORDRE, VOLONTÉ DIVINE, PAR LAQUELLE CHAQUE ÊTRE MORAL, SOIT INDIVIDUEL SOIT COLLECTIF, A LE DROIT DE DISPOSER DE LUI-MÊME, LA SOCIÉTÉ TENANT CE DROIT DE L'INDIVIDU QUI LE TIENT DE SA NATURE.

La société cependant ne pouvant agir collecti-vement, L'EXERCICE DE LA SOUVERAINETÉ NE PEUT AVOIR LIEU QUE PAR LES POUVOIRS CONSTITUÉS DE L'ÉTAT.

On voit, par la définition que nous venons de donner, que les droits de l'individu sont bien sacrés, puisque la société n'en a d'autres que ceux qu'elle tient de lui, que les sujets ne perdent ja-mais les droits d'homme, et que tous les individus et toutes les sociétés qui ne font point la loi à la-

____

(1) Dans notre premier chapitre nous l'avons définie comme fait, ici nous la définissons comme droit.

quelle ils obéissent, ne disposent pas d'eux-mêmes, ne sont point libres, ne sont point souverains. On voit encore que la loi n'étant que l'expression des besoins généraux de la société, né peut statuer que sur des objets d'un intérêt général, et que par conséquent, quoique Rousseau soutienne le contraire, elle peut statuer sur des objets particuliers lorsqu'ils ont un caractère d'utilité commune, la nomination du roi, par exemple, l'érection d'un monument à un bienfaiteur de la société.

La première des lois sociales est sans doute celle qui constitue la société, en lui donnant la forme la plus convenable aux fonctions qu'elle est destinée à remplir. La nature et les conditions de cette loi qui ont donné lieu à des divagations sans fin, présentent des difficultés insolubles si l'on ne remonte aux principes que nous venons d'établir. Que répondre en effet aux questions suivantes : La société a-t-elle une forme naturelle constitutive? Le pacte social est-il de droit fait par le peuple, est-il le privilége du roi? Auquel des trois pouvoirs de l'état, dans les monarchies représentatives, appartient le pouvoir constituant? Un peuple a-t-il le droit de renoncer à sa souveraineté et de donner au roi un pouvoir absolu? Ce droit admis lie-t-il les générations à venir? Un seul des trois pouvoirs a-t-il droit de résister à l'envahissement des deux autres, et réciproquement ceux-ci ont-ils droit de résister à l'usurpation d'un seul?

La société a-t-elle une forme naturelle constitutive?

« On a de tout temps beaucoup disputé sur la
« meilleure forme de gouvernement, sans consi-
« dérer que chacune d'elles est la meilleure en cer-
« tains cas, et la pire en d'autres (1). » Si, d'après
ces paroles, on s'imaginait qu'aucune forme de
gouvernement n'est en soi meilleure qu'une autre,
et que toutes ont une égale aptitude à remplir la
fin de la civilisation, on tomberait dans une grave
erreur. Bien que, par exemple, la forme despotique puisse, dans certains cas, produire des effets
avantageux au corps politique, il ne s'ensuit pas
plus pour cela qu'elle égale en bonté la monarchie
modérée, qu'il ne s'ensuit de ce que la ciguë est
utile dans quelques maladies, qu'elle soit aussi convenable au corps humain que les fruits et les céréales.

Nous croyons avoir montré, et nous tenons
pour incontestable, que toute association d'hommes se divise nécessairement en multitude, grands
et chef. Sans cette invincible tendance il n'y aurait ni vie, ni espérance, ni progression dans la
société. Tout serait abîmé dans la monotonie d'une
égalité sans ressort et sans hiérarchie. L'esprit démocratique, ou amour de nous-mêmes; l'esprit

____

(1) *Contrat social*, liv. III, chap. IV.

monarchique, ou amour de la primauté; l'esprit aristocratique ou amour des distinctions, qui naît des deux autres, sont inhérents à la constitution humaine et produisent la forme sociale ternaire, que modifient, sans pouvoir la détruire, les gouvernements les plus libres ou les plus absolus. Il est aussi impossible qu'il n'y ait démocratie, aristocratie, monarchie dans une société quelconque, qu'il est impossible que dans une ruche d'abeilles il n'y ait mère-reine, ouvrières et bourdons. « L'on « voit que sous trois seules dénominations (démo « cratie, aristocratie, royauté), le gouvernement « est réellement susceptible d'autant de formes « diverses que l'état a de citoyens (1). » Toutes les formes de gouvernement se rapportent en effet à ces trois dénominations, parce que celles-ci désignent trois états nécessaires et primitifs de la société, le peuple, les grands et le chef. Nos journaux politiques, qui représentent tous les intérêts, toutes les opinions, toutes les passions de la France, peuvent être divisés en trois classifications, monarchique, démocratique, aristocratique.

Cicéron qui avait long-temps médité sur les lois et les gouvernements, se gardait bien de croire qu'ils fussent le produit unique des conventions humaines; il plaçait leur racine dans la nature de

____

(1) *Contrat social,* liv. III, chap. iii.

l'homme. « Toute assemblée d'hommes, formée
« d'une manière quelconque, n'est pas peuple, mais
« celle-là seulement qui est réunie par la justice
« et l'utilité commune. La première cause de cette
« association n'est point tant la faiblesse de l'homme
« que son instinct de sociabilité. Car nous ne som-
« mes pas une race d'individus isolés, errants et
« solitaires, mais faits de manière que même au
« sein de l'abondance nous avons besoin de so-
« ciété. » *Populus autem non omnis cœtus quoquo-
modo congregatus, sed cœtus multitudinis juris consensu et utilitatis communione sociatus ; ejus enim
prima causa coeundi est non tam imbecillitas quàm
naturalis quœdam hominum quasi congregatio :
non est enim singulare nec solivagum genus hoc ;
sed ita generatum, ut ne in omnium quidem rerum
affluentiá (cœtera desunt).* (De Republicâ, lib. I.)

Le pacte social est-il de droit fait par le peuple, est-il le privilége du roi ?

La nature pour produire a fait pacte avec le
temps ; elle tient à la tâche ce patient auxiliaire
d'autant plus qu'elle veut rendre un ouvrage plus
durable et plus parfait. Rien n'éclôt instantanément
accompli de tout point ; rien de ce qui vient vite
ne dure et n'atteint un haut degré de perfection.
L'homme, l'homme surtout en société, sont son
plus bel ouvrage, aussi ne se développent-ils que

lentement. Leur amélioration successive, quoique nécessaire, est sujette à des oscillations et à des mouvements en apparence stationnaires ou rétrogrades, mais qui n'en recèlent pas moins un progrès ou le germe d'un progrès. Lors donc qu'on demande si le peuple a droit de faire son pacte social, il faudrait savoir quel est l'âge du peuple dont on parle, comme lorsqu'on demande quel est l'âge du chêne, il faudrait s'enquérir du nombre d'années qu'a le chêne dont il s'agit.

Pour résoudre la question il est donc essentiel de considérer les divers âges par lesquels un peuple passe avant d'arriver à la maturité. Ce n'est qu'après avoir fait cette étude que nous pouvons déterminer l'époque à laquelle il peut être l'auteur de sa législation. Voyons ce qu'il est à l'origine de la société, ce qu'il est lorsque la société est un peu avancée, et ce qu'il est enfin lorsqu'elle a atteint un haut degré de civilisation.

L'acte primitif par lequel un peuple a été constitué peuple, est sa soumission aux lois de sa nature sociale, c'est-à-dire à la justice, qui assure à tous les individus dont il est formé un égal droit aux biens physiques et moraux résultant de l'association. Ce qu'il a fait pour devenir être collectif, il l'a fait sans réflexion, sans savoir ce qu'étaient lois et contrat social; il n'a été déterminé que par l'instinct de ses besoins, qui lui apprenait qu'il centuplait ses forces en les unissant à celles de ses semblables. Les éléments du corps politique se sont spontanément rapprochés suivant leurs affinités, et y ont occupé la place que les propriétés de chacun lui assignaient. Même alors dans ce travail il y eut prééminence, suprématie, sans que néanmoins l'égalité de droit fût détruite, puisque les rangs n'étaient remplis qu'en raison des capacités. Demander si à cette phase de la civilisation c'était au peuple à faire son pacte social, est s'enquérir du droit là où ne sont pas encore les facultés pour l'exercer.

A cette époque de leur vie instinctive, les nations en faisant leurs mœurs, leurs coutumes, en obéissant à leurs superstitions, font, pour ainsi dire, le thème de leur code social. Apparaît alors quelque génie privilégié, plein d'audace, ayant le sentiment de sa supériorité, et connaissant les besoins et les aptitudes de ses associés; il les plie à ce qu'ils sont le plus enclins à faire; il donne des habitudes à leur naturel (1), et met leur force individuelle en faisceau. Insuffisant pour lutter seul contre leur indépendance native, il s'aide d'une intervention toute-puissante sur des esprits neufs et de bonne

---

(1) Rousseau, qui croyait que la société ne venait pas de la nature, était conséquent lorsqu'il voulait que le législateur *changeât, pour ainsi dire, la nature humaine, et tuât et anéantît les forces naturelles des individus.* (*Contrat social*, liv. II, chap. VII.)

foi, pour lesquels tous les phénomènes sont les effets mystérieux d'une cause invisible et redoutable; il fait parler la Divinité. Plus la matière sur laquelle il s'exerce est grossière et rebelle, plus l'empreinte dont il la frappe est forte et profonde. L'histoire nous montre que les premiers instituteurs des peuples excédèrent presque toujours les besoins ordinaires d'une civilisation bien réglée, ce qui en retarde quelquefois les développements. Les liens dont fut garrottée l'enfance de l'Inde se sont, pour ainsi dire, entés à ses membres et croissent avec elle. Moïse posa un joug de fer sur le cou de ses compagnons, qu'il lui fut plus facile d'arracher au pouvoir de Pharaon qu'aux vices qu'ils avaient contractés durant leur servitude. Dracon écrivit ses lois avec du sang. Lycurgue rendit ses automates guerriers invincibles à la douleur et au plaisir, comme ces chènes qu'on rend noueux et forts en les mutilant. Romulus plaça dans chaque famille un tribunal de mort, où le père fut juge suprême. Dans ces temps rigoureux de *coalescence et de formation sociale*, où la compression devait être supérieure à la résistance, le peuple ne participait à sa propre législation qu'en élisant ou en acceptant ses chefs, et en adoptant spontanément ce qu'il y avait d'utile dans leurs prescriptions.

Sous la tutelle de ces lois fortement coercitives, la société se conserve et grandit; on réfléchit sur la sécurité présente; on revient sur le passé; on

observe ce qu'on n'avait fait que voir; on analyse
ce dont seulement on avait reçu l'impression : certains réglements tombent de vétusté; d'autres suc-
cèdent plus appropriés aux besoins nouveaux; on
pèse les avantages et les désavantages; on n'est pas
tout-à-fait content du présent, on demande mieux
à l'avenir. Le chef, jusqu'à ce moment unique législateur, est forcé de s'adjoindre des conseillers,
qui, pris au sein de la société, puissent en connaître les exigences nouvelles, et l'aider dans une
tâche devenue supérieure à ses forces personnelles.
A cette époque d'*examen et d'épuration*, quelques
publicistes, par leurs idées et par leurs écrits, et
une petite partie du peuple par son blâme ou son
approbation, prennent part à la législation. Les lois
comme les mœurs d'alors sont féodales et au profit
de quelques-uns.

Cependant l'instruction gagne de proche en
proche; on demande compte aux institutions de
leur esprit et de leurs résultats; on interroge les
classes supérieures sur la raison du plus grand
bien-être dont elles jouissent; on en trouve la source
dans la richesse et dans les lumières de l'esprit:
pour se les procurer, on a l'étude et le travail.
Bientôt une grande partie de la population monte
au niveau des rangs qui la dépassaient; à l'égalité
de droit se joint l'égalité de fait : dès lors le gouvernement est forcé d'être moins partial; il généralise le bienfait des lois qu'il rend. Mais de nou-

velles fortunes et de nouvelles lumières font naître
de nouvelles exigences qui obtiennent leur accomplissement. Enfin, la plus grande partie de la nation ayant suffisamment développé son existence industrielle, intellectuelle et morale, demande la réalisation des droits auxquels ne manque plus la faculté de les exercer. Ou il lui est *octroyé* ce qu'impunément on ne pourrait lui refuser ; ou, quelque circonstance propice survenant, le peuple se donne lui-même ce qu'il demandait, et passe ainsi à son entière émancipation, du principe du droit dynastique à celui de sa propre souveraineté. Cette époque est de *perfectionnement et de civilisation.*

L'exposition des faits ci-dessus donne la solution entière de notre question. A l'origine de la société, celui-là seul que son génie, ses voyages, son initiation aux sciences étrangères ont rendu capable de comprendre les besoins et les aptitudes du peuple, peut faire et fait la loi (1). A la seconde époque, des abus chaque jour accumulés, qui excitent un mécontentement général, et dont les conséquences compromettent tous les intérêts, engagent les sages à en chercher la cause et les remèdes.

-----

(1) « Dans la naissance des sociétés, dit Montesquieu cité « par Rousseau, ce sont les chefs des républiques qui font l'in- « stitution, et c'est ensuite l'institution qui forme les chefs des « républiques. »

Ils joignent leurs lumières à celles du gouvernement, dans la vue de perfectionner une législation qui menace d'écraser l'état sous ses ruines. A la troisième époque, la totalité de la nation ayant achevé son éducation publique, réclame et obtient le droit d'exprimer sa volonté et de faire sa charte constitutive. On voit ainsi que les nations ne naissent pas, mais qu'elles deviennent législatrices. Les colonies, les émigrations produisent, par exception, des peuples mûrs au moment de leur naissance, et capables de faire leurs lois, comme il est arrivé aux États-Unis d'Amérique.

Lors des phases primitives et ascendantes de la civilisation, la force des choses a placé l'exercice du droit de faire la loi dans un seul ou dans quelques-uns : tout ce qui par eux est statué pour le bien commun est légitime, adopté tacitement et sanctionné par la volonté générale, le peuple restant ainsi virtuellement souverain. Lorsque la majorité de la nation s'est donné les facultés requises pour participer à la confection de la loi, son droit à la souveraineté, sans changer de nature, se réalise et devient explicite.

Voici donc le peuple entré dans la carrière de son émancipation ; mais elle est vaste, et il lui faut du temps pour la parcourir. Il ne sera parfaitement souverain de droit et de fait que lorsque chacun des individus qui le composent aura les facultés financières, industrielles, intellectuelles et morales requises pour faire la loi, et qu'il y participera par son vote, dernier but vers lequel tend la civilisation, et qui reculera à mesure qu'on sera près de l'atteindre.

De ce que nous venons de dire nous tirons les principes qui suivent :

Dans le gouvernement représentatif la majorité fait la loi.

Plus grande est la majorité de ceux qui sont aptes a voter et qui votent, plus leurs suffrages sont libres et inviolables; plus assurée est l'expression de la volonté générale.

Quoique ce ne soit pas tant le nombre des votes que l'intérêt commun qui les unit qui généralise la volonté (1), voici néanmoins comment leur nombre peut être pris pour l'indice le plus certain de la manifestation de la volonté générale. Chacun de nous est homme, est soi-même avant d'être citoyen. En supposant que le vote émis ait d'abord en vue nous-mêmes, ce vote de l'*individu* est neutralisé par le vote de chaque autre individu; reste alors le vote du *citoyen*, toujours conforme à l'intérêt général (2). Ainsi, plus il y a de votants, plus il y

______

(1) « On doit concevoir par là que ce qui régularise la volonté est moins le nombre de voix que l'intérêt qui les unit. » (*Contrat social*, liv. II, chap. IV.)

(2) « Le bien particulier excepté, il veut le bien général pour son propre intérêt, tout aussi fortement qu'aucun autre.

a opposition au succès du vote personnel, et de chances en faveur du vote qui réclame l'intérêt général. Si, quoi qu'on fasse, la majorité n'est pas un infaillible garant de la manifestation de la volonté générale, encore moins faudra-t-il le chercher dans la minorité. En cette occasion, comme en tant d'autres, la sagesse veut que nous ne cherchions dans les choses humaines que la perfection relative qui y a été mise.

La conséquence importante de ces faits-principes (1) est qu'il faut obéir aux lois, même les plus défectueuses (2). L'existence de la société dépendant de leur exécution, la désobéissance est révolte et protestation contre la souveraineté du peuple dont elles sont la voix et la conscience : elle est d'autant moins excusable que les gouvernements constitutionnels fournissent les moyens nécessaires pour en obtenir l'abrogation ou la réforme sans secousses et sans collision.

Il n'y a en outre dans l'état social possibilité de

« Même en vendant son suffrage à prix d'argent, il n'éteint pas « en lui la volonté générale ; il l'élude. » (*Contrat social*, liv. IV, chap. I.)

(1) Les *hypothèses-principes* sont des guides qui ne savent pas leur chemin, et qui font perdre beaucoup de peine et de temps à ceux qui les suivent.

(2) « Tout est désespéré, rien de légitime n'a plus de force « lorsque les lois n'en ont plus. »)*Contrat social*, liv. I, chap. VII.)

liberté que dans l'obéissance aux lois (1); car si vous leur substituez votre propre volonté, surviendront avec le même droit, ou plutôt avec le même défaut de droit, d'autres volontés individuelles, qui tôt ou tard plus puissantes et mieux armées que la vôtre (2), la soumettront à leurs caprices. Vous serez ainsi devenu la chose d'autrui, vous aurez perdu et mérité de perdre votre liberté.

La loi à laquelle nous obéissons a-t-elle nos suffrages, nous n'obéissons qu'à nous-mêmes; a-t-elle notre désapprobation, nous obéissons encore à la meilleure partie de nous-mêmes (3). Cet acte de souveraineté morale nous élève au plus haut degré de liberté en constatant notre empire sur nous-mêmes, et en nous soumettant, en dépit de nos répugnances, à la majorité à laquelle notre raison nous a dit qu'il était sage d'obéir.

C'est par l'usage habituel et normal de ses droits

---

(1) « L'impulsion du seul appétit est esclavage, et l'obéissance « à la loi qu'on s'est prescrite est liberté. » (*Contrat social*, liv. I, chap. viii.)

(2) « Le plus fort n'est jamais assez fort pour être toujours « le maître, s'il ne transforme sa force en droit et l'obéissance « en devoir. » (*Contrat social*, liv. I, chap. iii.) La loi seule peut opérer cette transformation de la force en droit.

(3) « Le citoyen consent à toutes les lois, même à celles qu'on « passe malgré lui, et même à celles qui le punissent quand il « ose en violer quelqu'une. » (*Contrat social*, liv. IV, chap. v.)

que le peuple s'instruit de plus en plus à les exercer, de sorte qu'on peut conjecturer que la presque
totalité des membres dont il est formé sera un jour
apte à donner son vote en connaissance de cause :
la loi alors sera de toute nécessité l'expression des
besoins généraux de la société et des moyens d'y
subvenir, et par conséquent conforme à la justice et à la raison. A cette époque de civilisation
élevée, on pourra dire avec vérité que la SOUVERAI-
NETÉ DU PEUPLE N'EST QUE LA SOUVERAINETÉ DE LA
JUSTICE ET DE LA RAISON.

*Auquel des trois pouvoirs de l'état, dans les
monarchies représentatives, appartient le pouvoir constituant ?*

Pour ne point ajouter au nombre presque infini
de déceptions dont, soit à dessein, soit sans dessein,
on a rendu les mots coupables, disons d'abord que
le pouvoir constituant n'est autre chose que la dictature, c'est-à-dire l'interdiction de la nation mise
sous la tutelle d'un ou de plusieurs de ses membres. Le pouvoir monstrueux qui est maître de la
loi, est l'essence même des monarchies absolues ;
il s'était retiré comme dans un fort dans l'article 14
de la Charte de 1814, et de temps à autre il devient
même nécessaire dans les gouvernements démocratiques (1).

____

(1) « Il n'y a pas de gouvernement si sujet aux guerres ci-

Tout pays qui n'est pas naturellement constitué d'après les besoins et les facultés sociales de l'homme, est tôt ou tard forcé de recourir à un pouvoir extraordinaire pris hors de la loi fondamentale, comme ces chariots de roulage qui traînent avec eux des leviers pour les remettre en état lorsqu'ils ont été détraqués par quelque accident. Tel est le motif de l'institution de la dictature et du tribunat (1). Ce dernier est établi en guerre permanente contre quelque magistrature mise en suspicion de vouloir *in petto* renverser la constitution de l'état. A Sparte, il écrasa la royauté; à Rome, il humilia le patriciat; à Venise, il terrorifia le peuple. Mais quel besoin de pareils pouvoirs dans la monarchie représentative, où la marche du gouvernement est d'autant plus sûre et plus régulière que le peuple, les notabilités, et le chef jouissent avec le plus de plénitude des attributions qui leur appartiennent? Lorsqu'un corps est régulièrement organisé, quel besoin d'un corps orga

---

« viles et aux agitations intestines que le démocratique ou po
« pulaire. » *Contrat social*, liv. IV, chap. v.

(1) « Quand on ne peut établir une exacte proportion entre
« les parties constitutives de l'état, ou que des causes indestruc
« tibles en altèrent sans cesse les rapports, alors on institue une
« magistrature particulière qui ne fait pas corps avec les autres,
« et qui remplace chaque terme dans son vrai rapport. » (*Contrat social*, liv. IV, chap. v.)

nisateur autre que le corps qui par ses forces naturelles entretient et continue son organisation? Lorsqu'il survient des moments de trouble et de crise, le pouvoir ordinaire de l'état est suffisant pour rétablir l'ordre, ainsi que nous le verrons ci-après.

Dans tous les autres gouvernements il y a lutte entre les deux principes qui ont été mis dans le cœur de l'homme, le principe démocratique et le principe monarchique (1), liés par un terme moyen qui participe du premier et du second. L'ACCORD DE CES DEUX PRINCIPES NE PEUT AVOIR LIEU QUE DANS LA MONARCHIE REPRÉSENTATIVE, OU LE PEUPLE AGISSANT PAR SES ORGANES NATURELS ET POLITIQUES A SEUL LE POUVOIR CONSTITUANT, OU LE PEUPLE EST ROI, OU LE PEUPLE EST LIBRE EN OBÉISSANT A LA CONSTITUTION QUI EST NÉE DE LUI.

Nous sommes maintenant à même de répondre à la question qui est en tête de ce paragraphe. Le pouvoir constituant n'appartient à aucune fraction du peuple, mais au peuple entier, qui ne peut changer sa loi fondamentale sans se mettre en contradiction avec sa nature sociale. « S'il n'y a dans « chaque état qu'une bonne manière de l'ordonner, « le peuple qui l'a trouvée doit s'y tenir (2). » Le

---

(1) Sentiment de l'égalité, et amour de la supériorité et de la primauté.

(2) *Contrat social*, liv. II, chap. XII.

pouvoir législatif n'est même en droit de substituer à des lois imparfaites des lois meilleures, que dans la vue de consolider et de perfectionner la constitution primitive de l'état : toutes elles l'ont pour principe, toutes elles doivent l'avoir pour fin (1). Montesquieu, que l'époque où il vivait et la position sociale où il était né empêchèrent de remonter à l'origine de l'ordre politique, pose d'une manière vague et arbitraire les principes des divers gouvernements. Nous pensons que LE PRINCIPE DE LA MONARCHIE REPRÉSENTATIVE EST L'OPPOSITION ET L'ACCORD DE LA LIBERTÉ ET DU POUVOIR; SA FIN, LE PERFECTIONNEMENT DE L'HOMME ET DE LA SOCIÉTÉ, ET, PAR SUITE, LA PLUS GRANDE SOMME DE BONHEUR POUR TOUS LES CITOYENS. Il n'est donc point permis de sortir d'un ordre politique qui remplit toutes les conditions propres à atteindre à la civilisation la plus parfaite.

Mais, dira l'auteur du *Contrat social*, « il n'y a « dans l'état aucune loi fondamentale qui ne se « puisse révoquer, non pas même le pacte social; « car si tous les citoyens s'assemblaient pour rom- « pre ce pacte d'un commun accord, on ne peut

______

(1) « Ce qui rend la constitution d'un état véritablement so- « lide et durable, c'est quand les convenances sont tellement « observées que les rapports naturels et les lois tombent tou- « jours de concert sur les mêmes points. » (*Contrat social*, liv. II, chap. II.)

« douter qu'il ne fût très-légitimement rompu (1). »
Rousseau, de tous les publicistes celui qui a le plus
profondément sondé les bases de l'ordre social, n'a
cependant pas poussé sa sonde assez avant; il l'a
arrêtée sur les conventions; mais derrière elles est
la nature de l'homme, qui a été faite sociale et qui
a ses lois antérieures à toutes les conventions, sur
qui ces dernières reposent et dont elles reçoivent
leur sanction. Si donc vous parlez des conventions
comme fondement primitif de la société, vous aurez raison de conclure que si une convention a
été en droit de fonder le pacte social, une autre
convention aura le droit de le détruire. Mais si vous
admettez avec nous, ce que nous tenons pour incontestable, qu'il y a une forme naturelle pour les
sociétés humaines, comme il y en a une pour celles
des castors, des abeilles et des fourmis, alors vous
conclurez que lorsqu'elles sont entrées dans cette
forme, il ne leur est point permis de la changer,
à moins de renoncer à leur nature sociale.

Rousseau insiste cependant : « Dans tout état de
« cause un peuple est toujours le maître de chan-
« ger ses lois, même les meilleures; car s'il lui plaît
« de se faire mal à lui-même, qui est-ce qui a le
« droit de l'en empêcher (2)? » Qui? la justice et la

---

(1) *Contrat social*, liv. III, chap. xviii.
(2) *Ibidem*, liv. II, chap. ix.

raison par lesquelles il est peuple, et sans lesquelles il n'est qu'une réunion désordonnée d'éléments disgrégés, uniquement rapprochés par une force qui leur est étrangère. C'est ce qu'il savait fort bien et qu'il avait dit un peu auparavant. « Il ne dépend « d'aucune volonté de consentir à rien de contraire « au bien de l'être qui veut. Si donc un peuple « promet simplement d'obéir, il se dissout par « cet acte, il perd sa qualité de peuple; à l'instant « qu'il a un maître, il n'y a plus de souverain, « et dès lors le corps politique est détruit (1). » Le peuple qui se suicide en violant les lois qui le font peuple, se dissout bien plus complétement encore que celui qui se donne un maître.

C'est sans doute d'après ces principes de Rousseau qu'a été formulé le troisième article de la constitution des États-Unis ainsi conçu : « Toutes « les fois qu'un gouvernement sera reconnu incapable de remplir ce but, ou qu'il y sera contraire, « la pluralité de la nation a le droit indubitable de « l'abolir, de le changer ou de le réformer de la « manière qu'elle jugera la plus propre à procurer « le bien public. » Cet article n'est rationnel qu'autant qu'on suppose que la constitution américaine n'a point la forme la plus parfaite à laquelle elle puisse atteindre. Changer des lois, même pour de

______

(1) *Contrat social*, liv. II, chap. 1.

meilleures, demande beaucoup de prudence et de réflexion. « Il est vrai que ces changements sont « toujours dangereux, et qu'il ne faut jamais tou- « cher au gouvernement établi que lorsqu'il devient « incompatible avec le bien-être public (1)........ « Qu'on juge du danger d'émouvoir les masses « énormes qui composent la monarchie française; « qui pourra retenir l'ébranlement donné, ou pré- « voir tous les effets qu'il peut produire (2)?..... « Loin de s'affaiblir, les lois prennent sans cesse « une force nouvelle dans un état bien constitué; « le préjugé de l'antiquité les rend chaque jour « plus vénérables (3). » Ce préjugé a sa raison en ce que les individus et les nations ne conservent et ne transmettent que ce dont ils retirent des effets avantageux.

Un peuple a-t-il le droit de renoncer à sa souve-
raineté, et de donner au roi un pouvoir absolu?
Ce droit admis, lie-t-il les générations à venir?

En prouvant qu'une nation n'a pas le droit de se faire du mal, nous venons de répondre au sens général de la première partie de cette question; mais la solution laisserait quelque chose à désirer si nous ne l'examinions d'une façon plus particu-

---

(1) Contrat social, liv. III, chap. 18.
(2) Polysinodie.
(3) Contrat social, liv. III, chap. 11.

lière. Pour cela, rappelons-nous qu'un peuple passe par divers degrés de croissance, et que ce qui lui est bon à un certain âge ne l'est point à un autre. Lorsqu'en 1461 les Danois conférèrent à leur roi « *un pouvoir absolu et illimité, en donnant à* ces « mots une valeur plus étendue encore qu'ils n'en « ont dans les pays où les rois chrétiens héréditaires « sont censés jouir d'un pouvoir absolu (1); lors- « qu'ils lui donnèrent *le droit de faire, changer et* « *révoquer les lois comme il jugerait convenable*(2); « lorsqu'ils lui reconnurent le même droit sur les « *affaires de l'Église* (3), et qu'ils décernèrent la « peine appliquée aux crimes de haute trahison à « quiconque *dirait ou ferait quelque chose qui por-* « *terait atteinte à cette loi,* » il fallut un sentiment bien cuisant des vexations dont les nobles les ac- cablaient, pour avoir fait une abnégation aussi to- tale de leur existence politique. Qui cependant pourrait les blâmer, dans les circonstances où ils se trouvaient et à une époque où l'on ne connais- sait d'autre remède à la tyrannie de plusieurs que le despotisme d'un seul, d'avoir échangé une situa- tion intolérable contre l'espérance d'un meilleur avenir? Mais ce que la barbarie de l'époque pou- vait justifier serait inexcusable à celle où nous vivons. Aussi le gouvernement danois promet-il

---

(1) *Loi royale*, art. 26.
(2) *Ibidem*, art. 2.
(3) *Ibidem*.

depuis long-temps une nouvelle constitution à ses sujets. Tout récemment, le 28 avril 1832, l'empereur de Russie, reconnaissant que *les institutions ne sont plus en harmonie avec les progrès de l'industrie et du commerce*, établit dans les villes une classe de *bourgeois notables* exempts de *capitation*, de *recrutement*, de *peines corporelles, ayant droit de prendre part aux élections de la propriété foncière*, etc. etc. Les priviléges des peuples s'accroîtront d'autant plus facilement, et avec d'autant moins de troubles et de bouleversements, qu'il sera mieux prouvé que l'accord est possible entre le pouvoir et la liberté; aussi croirions-nous avoir rendu un grand service à la civilisation si nous avions montré que LE MAXIMUM DE LA FORCE ET DE LA DIGNITÉ DES ROIS ET DE LA LIBERTÉ DES PEUPLES SE TROUVE DANS LA MONARCHIE REPRÉSENTATIVE.

Reste maintenant la seconde partie de la question : *Le droit d'abdiquer la souveraineté admis, lie-t-il les générations à venir?* Faire une telle question est demander si la légitimité du suicide admise, il faut en conclure la légitimité de l'homicide; ou si un homme, ayant le droit de se faire esclave, a aussi celui de rendre esclaves ses enfants et les enfants de ses enfants; c'est, en un mot, demander si l'homme peut changer à jamais la nature de l'homme qui l'a fait libre et l'égal de ses semblables. Aucun peuple n'a ce droit monstrueux, et ne

pouvant s'abdiquer lui-même, encore moins a-t-il
le droit d'abdiquer pour le peuple qui n'existe pas
encore. Si l'on concluait néanmoins de nos paroles
que les générations présentes ne sont en rien liées
par les engagements des générations passées, on
donnerait trop d'extension à une vérité particulière.
Ceci nous mène à examiner jusqu'à quel point les
peuples sont solidaires des engagements contractés
par ceux qui les ont précédés. Cette considération
tient intimement aux racines et à la composition
de la société.

Les générations ne sont point distinctes et tran-
chées les unes des autres; elles s'emboîtent, pour
ainsi dire, et font un tout successif vivant à plusieurs époques. La partie qui contracte pour le
présent ne le fait qu'à l'aide du passé, et elle profite et profitera des avances de celui-ci. Il y a donc
solidarité naturelle entre l'un et l'autre. En quoi?
C'est ce qu'il faut examiner.

Le pacte social implicite ou explicite qui joint
toutes les parties de la société, est moins entre les
particuliers et les générations, qui la plupart du
temps ne se connaissent pas, qu'entre les besoins
et les intérêts individuels et communs de la société,
lesquels renaissent toujours les mêmes, et qu'il est
impossible de méconnaître. Tous les engagements
pris pour satisfaire ces besoins et ces intérêts n'ont
pu être avantageux au présent sans être aussi utiles
à l'avenir, par là constitué débiteur et tenu de s'y

conformer. Les dettes pécuniaires de l'état ne sont pas plus sacrées que les propriétés et les positions sociales des particuliers. Ces propriétés et ces positions ne sont pas un don gratuit et à chaque instant révocable; mais elles ont été acquises en échange d'utilités dont le public a joui, et ceux qui les occupent ont pour garant de la possession l'existence de la société qui ne saurait se passer de propriétés et d'inégalités politiques. Les divers âges de la vie sociale se tiennent et s'impliquent comme ceux de la vie humaine : dans le vieillard qui se repose est le jeune homme qui, par un travail personnel ou transmis, a mérité de se reposer. Les capitaux, les monuments nationaux ne sont-ils pas un héritage qui impose des devoirs aux légataires? Les institutions, la civilisation, les connaissances, les arts ne sont-ils pas des traditions et des créances du passé? La société qui en refuse le paiement se déshonore et se dissout. Mais aussi elle n'est point tenue d'acquitter des engagements monstrueux que les contractants n'étaient point en droit de passer pour leur propre et privé compte. Ces principes étaient nécessaires pour nous donner les moyens de résoudre notre quatrième et dernière question.

Un seul des trois pouvoirs a-t-il le droit de résister à l'envahissement des deux autres ; et réciproquement, ceux-ci ont-ils le droit de résister à l'usurpation d'un seul ?

Si, comme nous pensons l'avoir prouvé, c'est la nature qui a institué la forme ternaire de toutes les associations humaines, les pouvoirs qui en résultent n'ont point chacun des droits souverains indépendants des deux autres ; mais ils sont dans la relation qu'ont entre elles les parties d'un même tout. Ils forment un rapport unique, composé de la masse des citoyens, du chef et des notabilités qui en émanent sans cesse et qui les unissent. La royauté est autant de l'essence de la société que la démocratie et l'aristocratie ; dites la même chose de celles-ci. Il est aussi nécessaire de faire exécuter la loi, que de la faire, et de la faire bonne ; ces nécessités sont inhérentes à toute société. Si le cœur, les poumons, le cerveau (1) avaient volonté et in-

____

(1) Rousseau compare au cerveau le pouvoir exécutif. « La « puissance législative est le cœur de l'état, la puissance exécu- « tive en est le cerveau, qui donne le mouvement à toutes les « parties. » (*Contrat social,* liv. III, chap. xi.) Si le pouvoir exécutif, en tant que portion du souverain, ne participait à la confection de la loi, il ne pourrait en connaître l'esprit et la faire exécuter. « Celui qui fait la loi sait mieux que personne

telligence, et qu'on demandât quel est celui de ces organes en qui réside la faculté organisatrice, conservatrice et reproductrice, et, par suite, le pouvoir souverain, il faudrait répondre : dans aucun séparément, mais seulement dans leur action collective. La nature n'a donné au cœur sur les poumons que le pouvoir que les poumons ont sur le cœur, et elle n'a donné au cerveau que le pouvoir qu'il tire du cœur et des poumons.

Pour bien comprendre les droits réciproques des trois organes politiques, il sera bon d'étudier l'origine, la nature et les fonctions de chacun.

Le premier par le volume et la force, est l'organe démocratique ; le premier pour l'impulsion et la direction, est l'organe exécutif ; le premier pour l'esprit de sagesse et de conservation, est l'organe aristocratique. Ils naissent et agissent simultanément pour donner la vie et la santé au corps politique.

Vous voyez que la force et l'esprit de sagesse sans impulsion et sans direction n'ont ni résultat ni but, et que l'impulsion et la direction sans force et sans esprit de sagesse sont condamnés à l'immobilité ou à l'anarchie.

Il suit de là que la puissance exécutive, si les

« comment elle doit être exécutée et interprétée. » (*Contrat social*, liv. III, chap. iv.)

deux autres voulaient envahir ses attributions, serait dans son droit en les en empêchant, car *on a
droit à tout ce dont on a naturellement besoin* (1),
et que, par la même raison, le pouvoir démocratique et le pouvoir aristocratique ont le même droit
à l'égard du pouvoir exécutif.

Ils ont ainsi, chacun, ou deux ensemble, le droit,
non pas de détruire le pouvoir qui tend à l'usurpation, puisqu'en le détruisant ils se nuiraient à
eux-mêmes, mais de l'arrêter, et de le faire rentrer
dans ses attributions, s'il n'avait que celles qui lui
appartiennent par son essence, et en le privant
de celles qu'il y avait jointes par usurpation, et
qui sont contre la nature du gouvernement représentatif.

C'est sur ces idées qu'il faut juger la révolution
de 1830. Le 26 juillet, Charles X se mit en insurrec-
tion contre les deux autres pouvoirs, *qu'il replaça
dans l'état de nature en recourant spontanément à
la guerre.* Ceux-ci, victorieux par le courage et le
vœu presque unanime des Français, se délivrèrent
d'une dynastie parjure prise en flagrant délit, sans
avoir néanmoins le droit de se délivrer de la royauté,
et ils la purgèrent des attributions de l'absolutisme. LE 7 AOÛT SEULEMENT, IL Y EUT RÉVOLUTION:
LA NATION PASSA DU PRINCIPE DU DROIT DIVIN A CELUI

____

(1) *Contrat social*, liv. IX, chap. 1.

DE LA SOUVERAINETÉ DU PEUPLE. A dater de cette époque il ne peut plus y avoir révolution pour détruire, puisque rien d'hétérogène ne reste dans la constitution de l'état, mais qu'il s'agit uniquement de conserver et d'améliorer. La France ne pouvait garder Henri V pour roi, sans reconnaître le droit dynastique et divin, et s'arrêter devant le dernier terme de la civilisation. Les sociétés ne doivent rien qu'à elles-mêmes et au principe qui les a faites souveraines.

Ceci nous conduit à parler de nouveau de la légitimité, ainsi que nous l'avons promis dans un des chapitres précédents. Voici comment la comprend Malte-Brun, homme de beaucoup de mérite et d'instruction qui, avec des idées fausses sur cette matière, n'en avait pas moins des sentiments sociaux très-honorables, et qui a fait un livre *ex professo* sur la légitimité. « Le pouvoir légitime, « survivant à une révolution, a le droit et le devoir « de reconstituer la société, de la reconstituer « tout entière, de sorte à ne rien laisser d'incer- « tain à l'égard des institutions fondamentales et « des intérêts vitaux, *sans livrer jamais ces objets* « *à des discussions publiques, et sans consulter* « *d'autre volonté que la sienne* (1). » La royauté dynastique se réservant dans tous les cas le pou-

____

(1) *De la Légitimité*, chap. XIII.

voir constituant, il n'y a, là où elle existe, de liberté que sauf son bon plaisir. Cicéron, dans le passage que nous avons donné pour épigraphe à notre livre, a dit avec beaucoup de justesse qu'il n'y a de liberté réelle que là où le peuple est souverain.

Dans le gouvernement représentatif complet, tel que la dernière révolution nous l'a donné, se trouve LA VÉRITABLE LÉGITIMITÉ, QUI EST TRANSMISSION PERPÉTUELLE ET INALTÉRABLE DES DROITS ET ATTRIBUTIONS QUE LA NATURE ASSIGNE A CHAQUE POUVOIR. Ce principe n'est pas de convention, mais de justice et d'utilité sociale. Les dynasties héréditaires absolues remontent toutes à l'usurpation et à la force brute ; les dynasties héréditaires constitutionnelles remontent à la volonté nationale et à la royauté naturelle inhérente à la forme sociale primitive ; car les peuples, pas plus que le corps humain, ne naissent sans chef. Les gouvernements arbitraires ne jouissent que d'une légitimité relative aux époques où ils exercent leurs fonctions, tandis que les gouvernements représentatifs jouissent d'une légitimité de tous les temps.

L'intérêt personnel qu'ont les souverains arbitraires de se rapprocher, autant que le peut la civilisation de leur pays, d'une forme de monarchie légale, est mis en évidence par ce que nous venons de dire. Loin de perdre quelque chose de la force et de la gloire de leur couronne, ils l'augmenteront de toute la liberté et de la dignité qu'ils accorderont à leurs sujets; ils ne seront tout-à-fait rois que lorsque ces derniers seront devenus citoyens. Aux premiers âges de la monarchie française, il y avait aristocratie sans peuple, rois sans sujets; l'aristocratie et la royauté n'eurent toute leur splendeur que lorsque les esclaves et les serfs furent devenus bourgeois, et les bourgeois citoyens. *Imperatoribus egregiis modus libertatis placet.* (Tac. Hist. viii, 4.) « Une liberté modérée plaît aux souverains dignes de ce nom. » Cette extension de la civilisation aux divers états est d'autant plus à désirer, que l'unité de forme sociale, avec ses variétés, admise par les gouvernements, ne ferait de l'Europe qu'une république chrétienne, soulagerait les peuples de la plus grande partie de leurs fardeaux en permettant la réduction des armées, et rendrait les guerres très-difficiles à entreprendre.

Si ce n'est que par forfaiture avérée qu'un particulier peut perdre la position sociale qu'il tient de la loi, à plus forte raison en sera-t-il de même pour la magistrature suprême. Rappelons-nous que la nature du gouvernement représentatif force à distinguer le *roi qui règne* du *ministère - roi qui gouverne*, lequel n'est qu'un office délégué responsable de ses actes. Nous ne regardons pas cette distinction comme une vaine fiction, mais comme une nécessité résultant des conditions de la monarchie constitutionnelle. La société ne pouvant agir collectivement, le pouvoir exécutif, portion du souverain (1), délègue pour agir un ministère justiciable du mal qu'il fait, mal qui est toujours censé commis contre la volonté souveraine, nécessairement juste et droite. L'impeccabilité du roi, dont son propre intérêt est garant, entraîne de toute nécessité la responsabilité des ministres (2).

Mais, dira-t-on, si le roi devient furieux, s'il assassine, s'il fait la guerre à ses sujets, sera-t-il encore impeccable et injusticiable? Vous raisonnez par exception, répondrons-nous, et c'est une manière fautive de raisonner. En faisant ce que vous dites, il se conduira en insensé ennemi de lui-même,

---

(1) Rousseau compare l'union du gouvernement et du souverain à celle de l'ame et du corps. « Il faut donc à la force « publique un agent propre qui la réunisse et la mette en œuvre « suivant les directions de la volonté générale, qui serve à la « communication de l'état et du souverain, qui fasse en quelque « sorte ce que fait en l'homme l'union de l'ame et du corps. « Voilà quelle est, dans l'état, la raison du gouvernement. » (*Contrat social*, liv. III, chap. 1.)

(2) « Il faut donc reconnaître que le principe abstrait de l'in- « violabilité du souverain, principe sacré, si salutaire, appar- « tient à cette monarchie constitutionnelle que l'ignorance pas- « sionnée se figure être contraire au pouvoir comme à la « sûreté du roi. Il faut reconnaître que l'aristocratie et la théo- « cratie avaient jugé, déposé et tué des souverains avant que « la démocratie imitât cet exemple. » (*Études historiques* de M. de Châteaubriand, tom. IV, pag. 176.) La diète germanique, en décrétant l'inviolabilité des ministres, a brisé l'égide qui empêchait la haine des peuples d'arriver jusques aux rois.

et, par exception, on le traitera en insensé. Au reste, quoi que fasse le roi, dans les gouvernements constitutionnels, on n'a pas raison parce qu'on est le plus fort, mais on est le plus fort parce qu'on a raison ; et ce n'est pas une belle manière d'avoir raison que d'assassiner et de faire la guerre à ses sujets. La raison seule fut forte et victorieuse en juillet 1830 et les 5 et 6 juin 1832. Le sentiment du juste, excité dans l'instinct du peuple par la vue de quelque grande iniquité, fait d'une force purement morale une force supérieure à la force brute de l'agresseur : plus donc le sens moral des nations se développe, plus elles deviennent fortes et libres.

Le corps politique a ses maladies ainsi que le corps humain. De l'effervescence des passions contenues, et du mouvement même de la civilisation, naissent des crises qui menacent la liberté des citoyens et la constitution de l'état. Des malfaiteurs habiles, dans ces temps de trouble et de confusion, se cachent et s'abritent, comme des mineurs, sous les lois qu'ils veulent renverser. Pour les tirer de leur cachette il est quelquefois nécessaire d'ébrécher l'asile où ils se sont réfugiés : alors le pouvoir exécutif, toujours sûr de la sympathie et du concours des masses lorsque la justice est de son côté, prend des mesures exceptionnelles analogues aux événements, et il proportionne aux moyens d'attaque les moyens de défense. Aussitôt que le danger a cessé il rentre dans les voies légales, et rend compte de sa conduite au corps législatif, qui ré-régularise ses actes par son approbation, s'il l'a méritée. Il ne lui suffit pas de dire comme à Rome : *Tel jour j'ai sauvé la patrie, montons au Capitole rendre gráces aux dieux !* Il faut qu'il justifie des moyens extralégaux par lesquels il l'a sauvée, et que leur nécessité seule est en droit de faire légitimer. La justice, antérieure aux lois, veut par-dessus tout que la société soit sauvée, et elle l'autorise à repousser autrement qu'avec les lois de la paix la rébellion armée contre elles. « En pareil cas, la « volonté générale n'est pas douteuse, et il est évi- « dent que la première intention du peuple est que « l'état ne périsse pas. De cette manière la suspen- « sion de l'autorité législative ne l'abolit point (1). »

Des études que nous avons faites dans cet ou-vrage, nous avons tiré un principe d'où émanent tous les éléments et tous les développements de la civilisation. Le voici :

Les associations humaines, comme celles des castors, des abeilles et des fourmis, ont leur forme naturelle primitive, indépendante des conventions, appropriée a leurs besoins et a leurs facultés, et d'ou naît la forme même de leurs gouvernements. Les inégalités physiques

---

(1) *Contrat social*, liv. IV, chap. vi.

ET SOCIALES DES ABEILLES DÉTERMINENT LES MOEURS, LES TRAVAUX ET LES PRODUITS DE LA RUCHE; LE COMMANDEMENT Y EST DÉVOLU A QUI A LA CAPACITÉ DE COMMANDER. LA MÊME CHOSE SE PASSE DANS LES RUCHES HUMAINES : LE CORPS POLITIQUE NE POUVANT AGIR COLLECTIVEMENT, SE DIVISE EN TROIS ORGANES PRINCIPAUX, DONT L'UN EST LE POUVOIR EXÉCUTIF, QUI DÉLÈGUE POUR AGIR UN MINISTÈRE RESPONSABLE, D'OU RESSORTENT TOUTES LES MAGISTRATURES SUBALTERNES, LESQUELLES PORTENT LA VIE ET LE MOUVEMENT DANS LES MOINDRES RAMIFICATIONS DE LA SOCIÉTÉ, ET DONT L'ACTION NE POURRAIT ÊTRE ORDONNÉE SI ELLE N'AVAIT SON POINT DE DÉPART DANS UN MOBILE UNIQUE.

Ce principe est en corrélation nécessaire avec celui sur lequel nous avons fondé notre *Traité de philosophie psycho-physiologique* (1). DE MÊME QU'IL Y A RAPPORT ENTRE LA NATURE ET L'HOMME, DE MÊME IL Y A RAPPORT ENTRE LA NATURE ET LA SOCIÉTÉ.

---

(1) Le conseil royal de l'Université a décidé que ce livre serait mis dans toutes les bibliothèques universitaires pour *servir d'instruction aux maîtres.* Nous le disons, parce que nous en avons la conviction (et nous ne le dirions pas si nous avions plus d'orgueil); que, pour ce qui est de la CONNAISSANCE DE L'HOMME, sans laquelle on ne peut que divaguer en philosophie et en politique, aucun livre n'est plus avancé, surtout si on ne le sépare pas du *Problème de l'esprit humain*, qui a paru en 1825.

Toute action individuelle et sociale est le produit d'une double force, celle de la nature et celle de l'homme et de la société. La philosophie de Rousseau et de Hobbes, qui tire tout de la convention, est une philosophie d'indépendance et d'orgueil; celle qui tire tout de la coopération de l'homme avec la nature est une philosophie de liberté et de subordination.

Et qu'on ne nous dise pas qu'en prenant la plus grande partie de nos théories dans la *nature*, nous les appuyons sur un mot qui, présentant à l'esprit un sens indéterminé, ne saurait conduire à la vérité : nous répondrions que la manière dont le mot *nature* est employé dans nos ouvrages lui donne un sens précis tel qu'il n'en est point qui renferme une idée plus nette et plus rapprochée de nous. Nous avons toujours ramené sa signification à la constitution physique, morale et individuelle de l'homme, c'est-à-dire à nos BESOINS ET A NOS FACULTÉS, qui ont leur objet et leurs moyens dans les objets extérieurs en rapport avec nous. Ainsi, lorsque nous parlons de la nature dans nos livres, c'est toujours de nous qu'il s'agit, de nous en relation avec l'univers.

A une époque où le poison du scepticisme ronge les entrailles de la société, où tout chancelle et se dessèche faute de foi (1), où l'ignorance et le so-

___

(1) La sainteté du serment est elle-même révoquée en doute,

phisme malintentionné sont seuls dogmatiques sur les questions les plus ardues, je suis sorti de cette vie de désespoir en faisant mes croyances avec des principes irrécusables, puisqu'ils ne sont autres que nous-mêmes, nos besoins et nos facultés. J'ai osé croire à la nature humaine, et que Dieu n'a pas trompé l'humanité. S'il n'avait mis la vérité dans nos cœurs et dans notre raison, où irions-nous la chercher? comment la reconnaîtrions-nous après l'avoir rencontrée (B) ? Rentrons donc en nous-mêmes, nous nous y trouverons d'abord ainsi que l'action toute-puissante qui nous lie à toutes les parties de l'univers. Là, dans ce mystérieux sanctuaire, sont DIEU, L'HOMME ET LA NATURE, sources sacrées et inépuisables d'immuables vérités qui toutes font portion de nous-mêmes!

---

de sorte qu'il faudra préalablement demander à celui qui doit le prêter : Croyez-vous bien véritablement être tenu de faire ce que vous jurez que vous ferez? En partant de là, aucune société n'est possible.

FIN.

NOTE PREMIÈRE.

ÉCOLE

DE M. CHARLES FOURIER.

A. *Dans un vase de médiocre grandeur.* Page 21.

Les saint-simoniens morts, ou peu s'en faut, il a fallu une nouvelle pâture aux esprits enthousiastes de notre époque : aussitôt a paru ou plutôt est ressuscitée avec son journal, ses apôtres, ses prôneurs et ses adeptes, une école qui agonisait silencieusement depuis vingt-cinq ans, celle de *l'Association* de M. Charles Fourier. Cette association aspire, bien entendu, à être *universelle*, car elle ne pouvait moins faire que MM. Bazard et Enfantin qui associaient aussi tous les habitants du globe, déja sans eux associés par leurs besoins mutuels, leur commerce et les sentiments communs à l'humanité. Les saint-simoniens avaient pris en haine la famille, qu'ils dissolvaient; M. Fourier, en paraissant la corroborer, et en ne faisant de quatre cents familles qu'une seule, arrive au même résultat, quoique par une voie opposée. Il détruit aussi la propriété et le bonheur qui y est attaché, en

14.

faisant de ses disciples de simples actionnaires ayant leurs fonds placés sur hypothèque territoriale.

Le N° 8 du *Phalanstère*, journal de la nouvelle société, va nous en faire connaître les principes fondamentaux :

1° La gastronomie et l'opéra sont les grands mobiles de la civilisation future.

2° Le pain est mis de côté et réservé pour la *gueusaille*. (Ce mot est de M. Fourier.)

3° Les sociétaires ne vivront que de gâteaux sucrés.

4° Le travail aura autant d'attraits pour eux qu'en a maintenant pour nous le repos.

5° Chacun des travailleurs sociétaires ne fera que ce qu'il voudra.

6° Le danger sera ôté aux passions en leur accordant tout ce qu'elles demanderont.

7° Les jouissances et les richesses des plus opulents financiers de nos jours ne seront rien en comparaison de celles des bienheureux phalanstéristes.

Dans ses livres, le thaumaturge économiste promet de faire encore beaucoup mieux : il apprivoisera les requins et les baleines, qui serviront à nos courses et à nos voyages ; il soumettra les comètes et les astres à notre action (1), il gratifiera la terre de quatre nouvelles lunes, et il dotera l'homme de sens nouveaux.

---

(1) Il prédit les révolutions que doivent éprouver les globes divers ; il prédit aussi le présent : « Les saisons ne sont plus que des caricatures; « le printemps, cette année, a fait une perfide apparition de trois jours « suivis d'une gelée qui a dévasté la France. » En dépit de cette dévastation prévue, la récolte a été une des plus belles qu'on ait eues depuis long-temps.

Le lecteur prendra tout ceci pour des contes faits à plaisir, pour des songes dont on amuse les vieilles et les enfants; rien n'est pourtant plus réel et dit plus au sérieux. Les promesses du docteur phalanstériste vont bien plus loin encore et dépassent toute croyance. Il dit lui-même qu'on le prendra pour un *visionnaire*; la politesse nous eût défendu d'employer ce mot s'il ne s'en fût servi. Que de pareilles chimères entrent dans l'imagination d'un homme instruit, savant, ami de ses semblables, ce n'est pas tant ce qui m'étonne, car une idée dominante peut quelquefois subjuguer et préoccuper en entier une haute raison; mais que ces billevesées parviennent à faire fortune auprès d'un grand nombre de personnes de mérite qui n'ont pas renoncé au sens commun, et qu'elles les fassent pâmer d'admiration et entrer en extase, c'est ce que je n'aurais point cru possible. J'ai cherché comment cela pouvait avoir lieu, et voici la seule explication que je sois parvenu à trouver.

Nous sommes dans les dernières agitations d'une révolution qui a duré un demi-siècle, et qui a eu pour cause une philosophie subversive de toute croyance religieuse, politique, morale et littéraire. L'autorité sur les esprits et les consciences abolie, on n'a plus cru qu'en soi; mais quand il a fallu sonder cette croyance et vérifier ce qu'elle contenait et les conséquences qu'on pouvait en tirer, il s'est trouvé qu'en définitive on doutait de soi-même, qu'on ne croyait à rien, et qu'on était autorisé à ne croire à rien. La foi est pourtant la vie de l'esprit; une incrédulité absolue l'asphyxie: il a fallu respirer et composer l'atmosphère de son *credo* avec des faits, des idées et des systèmes quelconques. C'est cette faim et cette soif de croire et d'attacher son intelligence à quelque point fixe qui a donné une vogue passagère au sensualisme de Locke et de Condillac, à l'athéisme de Diderot, au matérialisme de M. Broussais, au panthéisme satanique de lord Byron, au catholicisme antédiluvien du baron d'Eckstein, au platonisme de M. Cousin, à l'éclectisme du *Globe*, au saint-simonisme, et à présent au phalanstérisme de M. Charles Fourier. Disons aussi que l'habitude de réfléchir perdue dans le tourbillon des événements, la répugnance de remonter aux causes, le mépris des idées que Dieu a données aux hommes de tous les temps et de tous les lieux, et le vide bruyant et quotidien de la presse périodique, étaient merveilleusement propres à étourdir les esprits et à les prédisposer à ne se refuser à aucun degré d'invraisemblance.

Ici a éclaté une belle disposition de la Providence : dans cette confusion, ce *tohu-bohu* des intelligences, où elles semblaient devoir s'abîmer à jamais, il y avait, en secret, mouvement progressif. Par l'expérience qu'on avait faite de l'impossibilité de suppléer à l'instinct religieux, moral et social, on a été amené à ne plus avoir peur de croire en Dieu, et, sous le nom d'*amour du peuple*, on a adopté le principe du christianisme et de toute religion, l'*amour du prochain*. De cette manière, ce que Bacon n'avait dit que pour les sages a été vrai pour tous, *la religion est devenue philosophie, et la philosophie est devenue religion*. M. Fourier croit en Dieu, et il ose le dire ; il aime les hommes, mais il ne connaît ni le bonheur qui leur convient, ni les moyens de le leur procurer. Ce n'est pas tout de faire un système, et d'en déduire quelques combinaisons ingénieuses ; l'essentiel est de partir d'un principe vrai, et d'y coordonner toutes les idées. Il a fallu à Descartes une force d'esprit et une habileté prodigieuse pour arranger ses tourbillons et créer une chimère. Il n'y a pas moins d'inanité dans le principe et les moyens du système de M. Fourier, outre que les effets qui en résulteraient, s'il était mis à exécution, seraient en opposition avec nos facultés, et blesseraient la dignité de la nature humaine.

Une famille bien ordonnée est le chef-d'œuvre de la plus haute morale et de la plus haute politique, si bien que les philosophes chinois trouvent qu'il est aussi difficile de la régler avec sagesse que de bien gouverner un empire. L'individualité de chaque ménage est une des conditions de l'ordre qui y règne et du bonheur dont il jouit. Et ne voilà-t-il pas que M. Fourier va en disjoindre les membres, en constituer de nouveaux groupes, et faire une seule famille de quatre cents familles!

Comment mettre en harmonie les caractères, les humeurs, les idées, les intérêts et les passions de cette *vhalange*, et en faire concourir tous les travaux au bien commun? M. Fourier pour cela n'a eu qu'à *créer l'attraction industrielle*, c'est-à-dire, qu'à supposer dans notre constitution physique et morale le contraire de ce qui y existe. Jamais, en dépit des plus beaux systèmes, le métier de vidangeur, de corroyeur, de fendeur de bois, de scieur de pierre n'aura de grands attraits pour ceux qui l'exerceront; on aimera mieux être servi que servir. Il me semble entendre notre novateur dire à ses adeptes : Messieurs, laissez-moi faire, je vais repétrir le limon dont l'homme a été fait; je vais lui souffler mon esprit, et vous verrez ensuite si mon système ne marche pas

comme je l'entends; je tirerai les cordons que j'ai attachés à mes marionnettes, et vous réponds qu'elles re-
mueront les pieds et les mains.

Une autre idée fondamentale que lui et ses disciples
regardent comme la cheville ouvrière de la doctrine, est
d'appliquer chaque travailleur, afin qu'il ne puisse s'en-
nuyer, à trente ouvrages différents. On ne pouvait imaginer un meilleur moyen pour n'en bien faire exécuter
aucun, pour le dégoûter de tous et pour perdre beaucoup de temps.

M. Fourier règle le dividende des sociétaires suivant
le *capital*, le *travail* et le *talent*. Le capital avancé est
un fait qui tombe sous les sens; je conçois aussi qu'on
puisse estimer jusqu'à un certain point la valeur du travail; mais comment apprécier avec exactitude la capacité
et le talent? D'un côté, il place la perfectibilité dans la
marche continue de la civilisation vers l'égalité; de l'autre, la règle suivant laquelle il récompense le travail, fixe
et perpétue l'inégalité.

Il n'a point vu que si sa théorie obtenait les effets qu'il
en attend, que s'il parvenait à écarter de la race humaine
toutes les douleurs et tous les déplaisirs, que s'il l'eni-
vrait de jouissances sans cesse renaissantes, il lui donnerait le *spleen* du bonheur : la peine est la condition du
plaisir. Il n'a point vu qu'en délivrant l'homme de toutes
les souffrances, il lui ôtait la plus belle de ses prérogatives, celle d'avoir l'empire de lui-même, de triompher
de la douleur, et de sacrifier un bonheur momentané à
ses devoirs.

J'ai vécu près de soixante et dix ans; j'ai élevé autour
de moi sept enfants; j'ai vu ce qui se passe dans tous les

rangs de la société, dans toutes les conditions de la vie;
je sais ce que c'est que le bonheur sur la terre. Une
nourriture saine, un air pur, le repos après le travail,
des occupations et quelques divertissements, des sentiments affectueux partagés, des éclairs d'une félicité indé-
finie, et des peines longues, profondes qui nous révè-
lent l'énergie de notre âme, l'estime de soi-même, l'estime qu'autrui a pour nous, la foi en Dieu, la croyance
à notre immortalité qui en est la conséquence, tel est le
bonheur que le pauvre et le riche (car il y aura toujours
des pauvres et des riches) pourront dans tous les temps
se procurer là où il y aura liberté, tranquillité, sécurité.
La nouvelle école ne se contente pas d'un semblable
bonheur, elle veut *renouveler l'humanité*, et mieux faire
que le Créateur. Ce que nous venons de dire sert à expliquer les illusions de beaucoup d'esprits et de cœurs
généreux, qui s'attendaient à ce que la révolution de
juillet fît pleuvoir, comme par enchantement, des ondées
de bonheur sur la France; son inestimable bienfait actuel est d'avoir conquis le principe et la mise en action
de la souveraineté du peuple.

Il ne sera point sans intérêt de voir, où, dans ses vers
immortels, a placé le bonheur une de ces âmes mélan-
coliques qu'a tourmentées et éteintes avant la fin de
leur carrière le sentiment des destinées humaines.

« Heureux, dit Virgile, qui a pu connaître les causes
« des phénomènes de la nature! »

Felix qui potuit rerum cognoscere causas!

« Trop heureux les laboureurs s'ils connaissaient le
« bonheur dont ils jouissent! »

O fortunatos nimium sua si bona norint agricolas !

« Il n'a point vu autour de lui des malheureux qui
« ont excité sa compassion, ou des heureux qui ont excité
« son envie. »

Nec doluit miserans inopem, aut invidit habenti.

« Ah! que n'ai-je été un des vôtres, ou berger d'un
« beau troupeau, ou gai vendangeur! Philis eût cueilli
« des fleurs pour moi, et Amyntas m'eût amusé par ses
« chansons. »

Atque utinam ex vobis unus, vestrique fuissem
Aut custos gregis, aut maturæ vinitor uvæ!
Serta mihi Phyllis legeret, cantaret Amyntas.

« Là, ô Licoris, sont de claires fontaines, de molles
« prairies, de sombres forêts; là, pendant un siècle, je
« me consumerais avec toi! »

Hîc gelidi fontes, hîc mollia prata, Lycori:
Hîc nemus, hîc ipso tecum consumerer œvo!

« Oh qu'alors mollement reposeront mes os, si votre
flûte chante un jour mes amours! »

O mihi tum quàm molliter ossa quiescant,
Vestra meos olim si fistula dicat amores!

Que M. Fourier transporte toutes ces félicités intellectuelles, sensuelles et romantiques dans son Phalanstère,
elles n'équivaudront pas au simple élan du cœur de la
femme chrétienne qui, près du lit de son fils mourant,
s'écrie: *Dieu, donne-moi la force de vouloir ce que tu veux!*

Les fervents missionnaires dont nous partageons sin-
cèrement les intentions philanthropiques, qui ne parlent
qu'association, mouvement progressif, amélioration, bon-

heur du peuple, se creusent la tête pour inventer ce qui existe et qui n'a besoin que d'être encouragé et perfectionné, ils vont chercher bien loin ce qu'ils ont sous la main. Depuis long-temps existe association spontanée et indissoluble entre le laboureur, le charron, le maréchal ferrant, le sellier, le boulanger, les négociants des villes, et par ceux-ci, entre tous les habitants de l'univers. Quant au mouvement progressif, ils ne diront pas mieux qne Bossuet : « Après six mille ans d'observation, l'es- « prit humain n'est point épuisé ; il cherche et il trouve « encore, afin qu'il pût trouver jusqu'à l'infini, et que « la seule paresse pût donner des bornes à ses connais- « sances et à ses inventions (1). » Pour ce qui est du bonheur du peuple, il est tout entier dans la pratique du précepte du Fils de l'Homme , martyr de l'humanité : AIMER DIEU ET LE PROCHAIN, précepte et exemple, théorie et pratique accomplis sur la croix, sans faste, avec amour et pardon des bourreaux. Jamais les œuvres, l'esprit et le cœur humains ne s'élèveront plus haut ; là est l'unité de l'humanité, et la source de tous ses développements.

Et, puisqu'il faut à l'esprit humain un étendard et un point de ralliement, nous faisons des vœux pour que la papauté ait la sagesse et le courage de rallier au précepte évangélique toutes les communions chrétiennes en les enveloppant de la charité universelle, en leur laissant leurs croyances individuelles accessoires, et en conservant ces fêtes héliaques, fêtes d'amour, de reconnais-

---

(1) *Connaissance de Dieu et de soi-même.*

sance et d'admiration que l'univers célèbre depuis plus de quatre mille ans! Ainsi elle fondera le système *véritablement catholique*, elle marchera à la tête de la civilisation, et la Rome morale, plus puissante que la ville de la force brute de Romulus, sera de nouveau la capitale de l'univers!

Post-Scriptum. M. Fourier comprenant très-bien que le difficile de son affaire était de persuader qu'il avait le pouvoir de rendre toute sorte de travail aussi attrayante que le *far niente*, la promenade, le jeu, l'opéra, a, dans son N° 13 du *Phalanstère*, exposé les moyens qu'il avait en main pour produire ce merveilleux effet. Ces moyens sont : 1° le travail à séances courtes et variées, dont plus haut nous avons présagé les résultats ; 2° les rivalités cabalistiques ; 3° le charme composé. Tout cela doit produire « une voie de jouissances multipliées, une « chaîne de fleurs et un océan de plaisir ; » félicités qui elles-mêmes ne seront rien comparées à celles que donne la *séance de parcours*, « laquelle est un plaisir inconnu « aux civilisés ; il faut les ressources immenses de l'ordre « sociétaire pour créer de pareilles jouissances ; » et cependant ces prodiges, ainsi qu'il l'affirme hardiment, ne seront pour lui que des jeux d'enfant.

Ne nous étonnons pas, d'après cela, s'il traite avec tant de mépris tous les philosophes sans exception qui, depuis quatre mille ans, s'occupent de recherches sur l'esprit humain et de l'amélioration de notre race. Il les nomme des *jongleurs scientifiques*, et il se met sans façon au-dessus d'eux tous.

On ne peut trouver mauvais qu'il se rende cette justice, étant, comme il l'est, sûr de son fait. N'a-t-il pas pendant

trente-quatre ans travaillé à soumettre à l'harmonie « les
« trente mille antipathies, les soixante mille égoïsmes,
« et les six cent mille discords » qui entrent de toute
nécessité dans chaque phalange ? « J'ai employé trente-
« quatre ans au calcul des *séries passionnées.* » Il n'a pas
vu que, pendant trente - quatre ans, il s'est occupé de
calculer ce qui n'est point susceptible d'être soumis au
calcul, c'est-à-dire des quantités morales. Ici est la source
de ses illusions, dont ses disciples ont éprouvé la conta-
gion. Ils voient le câble que file M. Fourier, et qui n'a-
mène rien après lui parce qu'il ne tient à rien. Plus on
est logicien et calculateur, plus on s'éloigne de la vérité
lorsqu'on part de principes faux. Or, il n'est point dans
la nature du travail d'avoir en soi inhérentes toutes les
voluptés. Il n'est donné à qui que ce soit de créer un
sens de plus à l'homme, car ce serait en faire autre chose
qu'un homme.

Il n'est non plus donné à qui que ce soit d'ôter à la
famille l'instinct de son individualité. Proposer à un honnête artisan de ville ou de village, qui vit doucement avec
sa femme et ses enfants, de réunir son ménage à trois
cents autres ménages, sous la condition que lui et les
siens seront mieux vêtus et mieux nourris, vous aurez
de la peine à en trouver un sur mille qui accepte vos
propositions. Nous n'avons qu'une portion de sensibilité
affective, qui allant de nous aux nôtres et revenant à
nous, multiplie notre bonheur et notre existence. Cette
sensibilité se dissipe et se perd sans se réfléchir, si elle
s'étend à un trop grand nombre de personnes. Je crains
que M. Fourier n'ait plus étudié l'homme dans son imagination que dans la réalité. Il peut tenir pour certain
que le soin de *torcher les marmots* (comme il dit) fait

partie du bonheur de la ménagère, et que si vous lui proposiez de confier à autrui son nourrisson, vous la scandaliseriez étrangement ; ce serait ôter à une poule ses poussins. Si l'association des ménages était dans la nature, elle se serait déja réalisée d'elle-même ; mais l'expérience montre combien il est difficile d'en réunir deux ; rarement une mère peut continuer de vivre avec sa fille lorsque celle-ci est mariée. Voyez Londres, avec ses maisons de dimension à contenir une seule famille et environnée de grilles, leurs petites portes et leurs palissades, ne dirait-on pas qu'on s'y barricade contre l'association des ménages ? Les monastères et les communautés d'individus du même sexe sont possibles, parce que ceux qui les composent sont réunis par des goûts et des opinions dominants qui leur sont communs. Introduisez parmi ces cénobites et ces vestales quelques Hélènes et quelques Pàris, vous verrez aussitôt naître les fureurs de la discorde et de la guerre, ce qui aurait bientôt dissous le *Phalanstère* le mieux ordonné.

La ménagère, non plus, n'est pas aussi molestée que le pense M. Fourier d'entendre bouillir sa *marmite*, et d'en surveiller et odorer le contenu. En adoptant la *bonne chère* pour principe *pivotal* de sa théorie, pour stimulant et lien de ses associés, je n'ai pu comprendre comment il se faisait qu'il ne leur distribuât que du vin de Surenne et d'Argenteuil, mélangé avec des vins du Midi, lui qui doit savoir qu'il n'y a pas de bon repas sans vin bon et franc. Au reste, je suis tenté de croire que les travailleurs avec de l'appétit et du bon pain, *cum sale panis*, avec des légumes et du lard, *tenui oluscula lardo*, et de temps à autre la poule au pot, font meilleure chère que les habitués de Véry, des frères Provençaux, et que les *harmoniens* eux-mêmes, *nam in se ipso*, *non in summo nidore voluptas.*

Les exemples que M. Fourier choisit pour montrer les effets d'un travail passionné ne prouvent point ce qu'il croit prouver. Il cite les barricades de juillet élevées comme par enchantement, le déblaiement des terres sous lesquelles étaient ensevelis des mineurs liégois, l'escalade miraculeuse des rochers de Port-Mahon par nos grenadiers. Il n'a pas vu que pour produire de pareils effets il fallait les inspirations de juillet, les affections excitées par les cris des malheureux qui allaient périr faute d'air, et l'enthousiasme que produit le bruit du canon chez tout soldat français. Un tel état ne saurait se continuer chez des travailleurs quotidiens.

Vous croyez être au bout des merveilles que promet M. Fourier; détrompez-vous. Il a trouvé la *loi universelle* et *mathématique* de tous les mouvements de l'univers, et la distribution de tous les êtres dans un ordre fixe. Quelle est cette loi? demanderez-vous. Je ne puis vous le dire, c'est un secret qu'il garde pour lui. Nous lui en savons mauvais gré, et nous l'avertissons qu'il a agi avec justice en répudiant le nom de philosophe, car rien n'est aussi peu philosophique que de garder pour soi un secret qui, s'il était rendu public, ferait la gloire de son siècle et le bonheur de l'humanité.

Deuxième et dernier Post-Scriptum. Jusqu'ici il a été principalement question de la doctrine économique de M. Fourier. Le N° 15 du *Phalanstère* que nous avons entre les mains, en résume la doctrine philosophique dans un article fait par un écrivain plein de logique et de talent.

Nous allons en parcourir les divers points, qui touchent
à ce qu'il y a de plus élevé dans le génie et les destinées
de l'humanité.

Progrès de l'espèce humaine.

« Il y a *analogie intégrale* de la vie de l'espèce à la
« vie de l'individu. » Toute la philosophie de M. Fourier se déduit de ce principe que nous croyons faux. Les
individus de la race humaine ne remontent pas du déclin
des années à leur première jeunesse, tandis que de grandes sociétés, tombées au dernier degré de misère et d'a-
brutissement, se relèvent et montent au faîte de la civilisation, ce qui est arrivé à presque toute l'Europe depuis la chute de l'empire romain. L'humanité se compose
de familles et de sociétés qui ont pour éléments des individus soumis à la nécessité de mourir, mais qui, en
produisant leurs semblables, lèguent une vie nouvelle à
la famille et à la société, et entretiennent l'humanité dans
une jeunesse éternelle, bien entendu que nous parlons
d'une éternité relative à la durée du globe et de l'univers.

Cette assimilation de la vie individuelle à la vie collective de l'humanité a placé M. Fourier dans la nécessité
de déshériter du bonheur suprême promis par l'*association*
les phalanstériens qui naîtront après ceux qui auront vécu
lors de l'apogée de l'existence sociétaire. Il y aura déca-
dence comme il y a eu ascension. Cette perspective n'est
pas flatteuse pour ceux qui viendront les derniers aux
temps de décrépitude de la race humaine. La vérité est
plus consolante ; elle dit que le genre humain rajeunissant
à mesure que les individus vieillissent et meurent, chaque
pas dans la vie collective est un progrès, et que les générations profitant des acquisitions des générations pré-

cédentes, il y aura amélioration successive, sans autres bornes que celles de nos facultés. Cette doctrine est historique : la somme des jouissances physiques et intellectuelles a augmenté, le cours de la vie s'est prolongé, l'état sanitaire s'est amélioré, à mesure que les peuples ont avancé dans la civilisation.

Chute de l'homme.

« Selon M. Fourier, l'homme a dû naître *libre* et dans « un milieu ami ; il a commencé par obéir *instinctivement* « à ses impulsions : c'est là l'Éden, le bonheur primitif... « mais il a passé du paradis terrestre à l'enfer social. » D'après cette théorie, les espérances de progrès formées par l'humanité ne sont que des réminiscences de ce bonheur dont elle a joui dans l'antique Éden. Mais si l'homme dans un *milieu ami* a joui *instinctivement* de tout le bonheur de l'*innocence*, comment, le milieu n'étant pas changé, a-t-il *passé à l'enfer social?* Et si le milieu a changé, en quoi est-il coupable de ce changement? Ainsi la question reste tout entière ; mais ni l'histoire, ni les traditions qui nous ont fait part de la chute de l'homme, ne nous ont appris que le changement du milieu ami où il était placé en fût la cause.

Ne pourrait-on pas dire, que les sentiments du bonheur fugitif que nous éprouvons par intervalles, et les conceptions d'un meilleur avenir que nous fournissent nos désirs et nos espérances, sont nécessairement reportés sur le passé, pour établir l'unité de l'être humain collectif, et qu'ainsi ce sont nos pressentiments qui ont formé nos souvenirs d'innocence et de bonheur primitifs?

15

La croyance à la déchéance humaine aurait alors une double source, celle dont nous venons de parler qui est instinctive, et l'autre qui est réflexive, et qui naît de l'idée de la justice divine. En effet, le mal physique et le mal moral existent; or, ainsi que l'a dit saint Augustin, personne ne souffre s'il ne l'a mérité. Le genre humain doit donc avoir mérité, par des fautes dont les effets nous ont été transmis, les maux auxquels il est assujetti. *Antiquæ luimus perjuria gentis*. Cette solution serait bonne, si elle ne soulevait un problème plus difficile que le premier, celui d'un Dieu juste, punissant un enfant d'un péché qu'il a commis quatre mille ans avant qu'il ne fût né.

Solution du bien et du mal.

« Le BIEN pour l'*individu*, c'est l'essor et l'équilibre de « toutes ses attractions : le MAL, c'est le même équilibre « des impulsions naturelles rompu. » Telle est la définition du bien et du mal que nous donne M. Fourier; mais ce n'est point là une solution. Il devait nous dire, ce à quoi il n'a même pas songé, comment et pourquoi l'homme encore jeune est passé de l'état d'*innocence* à l'état de *culpabilité*, et pourquoi et comment ayant franchi l'époque de la civilisation où il doit être élevé, les imperfections et les maux le suivront jusqu'à son déclin et à sa mort. Haute question, sans la solution de laquelle la philosophie ne sera jamais faite! Nous soumettons aux lecteurs les moyens de la résoudre.

La plus haute idée qu'on puisse concevoir de l'humanité et de la munificence suprême à son égard, est que chacun des individus qui composent notre race puisse MÉRITER de la Divinité.

Cette disposition n'a pu avoir lieu sans que l'homme ait été créé LIBRE (1), car les actes de l'être non libre ne sont que des mouvements involontaires, et ne sont pas plus méritoires que ceux du caillou que roule le torrent.

La liberté n'a pu être méritoire que par le CHOIX.

Le choix n'aurait pu avoir lieu si l'homme n'eût été placé entre des sympathies opposées organiques et morales, entre l'égoïsme et la vertu, l'individuel et l'universel, l'ordre et le désordre.

Le MAL est d'obéir à l'égoïsme, le BIEN d'obéir à la vertu.

Otez à l'homme l'une de ses tendances, vous faites de lui une machine ou un ange. L'homme est donc à présent et sera toujours ce qu'il a été fait primitivement, c'est-à-dire ce qu'il y a de mieux pour lui et pour les êtres avec qui il est en rapport, ce qu'il devait être pour remplir ses glorieuses destinées, plus glorieuses que celles

---

(1) Mais, dira-t-on, l'homme ne faisant jamais sans motifs le bien ni le mal, ne peut être dit libre. Cette objection prouve, au contraire, qu'il est libre, supposé que les motifs qui le déterminent soient pris, comme ils le sont, en lui-même, dans la force que Dieu a mise dans sa volonté. Il veut parce qu'il veut, parce qu'il lui plaît de vouloir. Vouloir par force implique contradiction. On peut être forcé de faire ce qu'on ne voudrait pas faire, mais on ne peut être forcé de vouloir ce qu'on est résolu de ne pas vouloir. Aucune puissance extérieure n'est capable de fléchir l'ame d'un Napoléon, d'un Francia, d'un Grégoire VII. On oppose encore la prescience divine à la liberté humaine ; mais Dieu, en prévoyant nos actes moraux, ne les nécessite pas plus que le sage qui prévoit la conduite de certaines personnes ne détermine cette conduite.

15.

de l'ange, si celui-ci n'est pas libre et n'a pas à se vaincre et à choisir. En substituant au dogme de la CHUTE DE L'HOMME le dogme DE L'HOMME PLACÉ ENTRE LA DOUBLE TENDANCE DU BIEN ET DU MAL, vous ôtez à la raison un grand scandale qui suffirait pour justifier l'athéisme, et vous ouvrez une immense et noble carrière à la liberté humaine.

Vie future.

« L'égalité des individus dans l'équilibre des destinées « générales n'est pas une égalité simultanée et confuse, « c'est une égalité à *tour de rôle*. » Ainsi, quoi que nous fassions, nous aurons notre tour de rôle, et nous serons les égaux de ceux dont la supériorité nous avait humiliés. Ce n'est point la peine de faire des efforts pour acquérir ce que de toute nécessité doit nous apporter la succession des événements. Quant à nous, nous disons :

LES DIVERSES DESTINÉES DE L'HOMME ET SES DIVERS DEGRÉS DE BONHEUR, ASCENDANTS ET DESCENDANTS, DANS LES PHASES SUCCESSIVES DE SES EXISTENCES SANS FIN, SERONT PROPORTIONNÉS A SES MÉRITES ET A SES DÉMÉRITES, ET A L'USAGE QU'IL AURA FAIT DE SON LIBRE ARBITRE DANS LES DIFFÉRENTES POSITIONS OU IL AURA ÉTÉ PLACÉ. Si ce système est faux, si après nous il ne reste rien de nous, ou si les œuvres du bon et du méchant sont également rémunérées, je ne vois point ce que nous faisons ici-bas, et pourquoi un génie bienfaisant ne prend point pitié de la fourmilière humaine, et en l'écrasant ne la délivre pas des infortunes auxquelles elle est condamnée.

Nous laissons à présent au lecteur à juger si M. Fourier, dont nous apprécions les vues honorables, a trouvé une conception générale, un système universel qui explique tous les problèmes intellectuels et sociaux, et d'où puisse résulter le bonheur du genre humain.

Nota. Dans le N° du 22 novembre du *Phalanstère* qui est entre nos mains, se trouve un PROJET D'ACTE DE SOCIÉTÉ pour la fondation d'une *colonie sociétaire* qui doit être mise en activité le 21 mars prochain. Cette colonie, dont on ne prétend plus faire le paradis épicurien de M. Fourier, n'est qu'une institution des *frères moraves*, dont les réglements ont été habilement et sagement perfectionnés. Le nouvel établissement ainsi conçu peut être d'un utile exemple à la France et à l'Europe, et il ne présente rien d'impossible à l'exécution. Aussi ne prétend-on pas y nourrir les travailleurs avec des gâteaux sucrés, et y former des compagnies d'*artistes vidangeurs et décrotteurs*, dont on viendra admirer l'adresse en payant cinq francs par place.

Finissons par faire remarquer une contradiction flagrante de M. Fourier. Il convient que la *civilisation*, dont le nom seul excite sa verve satirique, est pourtant un échelon du développement de la race humaine à partir de la *sauvagerie* et de la *barbarie*. Pourquoi donc cet acharnement contre les philosophes et les moralistes qui, en amenant et perfectionnant la civilisation, ont été les bienfaiteurs de l'humanité?

NOTE SECONDE.

ÉCOLE
DE M. DE LA MENNAIS.

B. *Après l'avoir rencontrée.* **Page 210.**

A la conscience primitive du genre humain, l'école de M. de la Mennais, qui est celle de MM. le Maistre, Bonald, d'Eckstein, Ballanche, substitue la *tradition.* Mais qui juge que la tradition est tradition? que telle tradition est fausse et telle autre véritable? Est-ce la tradition qui juge de la raison, ou la raison de la tradition? Qui a précédé de la raison ou de la tradition?

Les faits historiques qui n'ont point leur racine dans la conscience sont sujets à décevoir ceux à qui ils sont transmis. Les traditions bouddhistes les plus universelles, les plus antiques, les plus imperturbablement crues, ne sont pourtant qu'un tissu d'erreurs et de chimères. Les vérités qui naissent de notre conscience, telles que l'*existence de Dieu,* du *droit,* de la *justice,* de la *sociabilité,* de la *distinction du bien et du mal,* sont éternelles. Elles germent, croissent et se développent avec nous; on peut bien les contredire, mais non les détruire; elles repoussent plus vivaces tous ses arguments qu'on a entassés pour les étouffer; chacun en fait chaque jour la vérification et y ajoute sa sanction. La conscience du genre humain n'est que celle des individus qui ont existé, qui existent et qui existeront: toute l'humanité est dans chacun de nous; chacun de nous est une histoire, un drame, une prophétie universelle. Ce qui a été fait, dit et poétisé ailleurs et dans d'autres temps, nous le collationnons avec le texte qui est en nous. Il faut être savant pour être, en connaissance de cause, de l'école de M. de la Mennais; il ne faut qu'être homme pour être de la nôtre.

L'école *traditionnelle* n'est point de première main; il y avait foi et loi qu'il n'y avait point encore tradition. Le christianisme est dans l'humanité, l'humanité est dans le christianisme qui n'en est que le développement le plus sublime; aimer Dieu et le prochain est moins le précepte de l'Évangile que celui de l'humanité. Il rassemble en lui les deux idées et les deux sentiments les plus élevés de notre esprit et de notre cœur. *Hic principium, hic finis.* L'Évangile hors de cette grande prescription et des vérités qui y tiennent immédiatement, n'est plus applicable aux sociétés modernes; ses accessoires n'ont été utiles, dans son origine, qu'en frappant d'une forte empreinte les esprits des néophytes, et en les séparant de toute autre association religieuse.

M. de la Mennais et ses disciples travaillent pourtant dans ce moment à reconstruire *l'ancien catholicisme*, en y faisant entrer la science, la liberté et les jouissances de la vie humaine, projet plus louable que praticable. Car, comment concilier la liberté et l'obéissance à un gouvernement oppressif? le libre examen et l'infaillibilité papale? l'humilité et le mouvement progressif social? l'amour de la pauvreté et l'accroissement de la richesse publique? les plaisirs corporels et l'amour de la souffrance? le sentiment de la dignité humaine et le conseil de présenter la joue gauche lorsque la droite a été frappée? Soyons hommes avant tout si nous voulons être chrétiens.

L'école *naturelle* qui prend ses principes dans les besoins et les facultés humaines est la même que l'école *traditionnelle*, avec cette différence que la première fournit les matériaux à la seconde, et qu'elle délivre les certificats d'origine de ce qu'elle produit et qu'elle met en circulation. L'école *néo-formatrice* compose sa philosophie de pièces et morceaux qu'elle prend de côté et d'autre, ou des songes qui passent par l'imagination de ses docteurs.

Tertullien avait fort bien compris qu'on pouvait être naturellement chrétien : *naturaliter christianus.* Les trois écoles qui, de nos jours, travaillent à la reconstruction de la société humaine, croient en Dieu et ont pour dogme fondamental le devoir de travailler à rendre heureuse la race humaine sans distinction des personnes. Toutes les trois sont chrétiennes. La première question du catéchisme n'est plus : Êtes-vous chrétien? mais : Êtes-vous homme? Pour moi, en tant qu'homme je suis catholique dans tout ce que le catholicisme a d'humain. Il n'est point d'ami de la vérité qui ne puisse dire la même chose, en laissant une pleine liberté à ceux qui ont des opinions *extrahumaines.*

TABLE

RAISONNÉE DES MATIÈRES.

ne sont pas libres, Rousseau est forcé de recourir à la
nécessité de l'esclavage.

Il dit que la volonté est *inaliénable* et ne peut se donner
des chaînes pour l'*avenir;* mais ce qu'on promet aujour-
d'hui, on doit l'exécuter le lendemain et les jours suivants,
quoiqu'on ait changé d'opinion et de volonté.

En disant que les *confédérations* peuvent seules unir la
force et la liberté, il n'a pas songé que les confédérations nécessitent des *représentants*.

De même que Rousseau a fait la théorie de la liberté, de
même Hobbes a réduit le despotisme en système avec
la plus industrieuse dialectique.

———

En composant son traité *de la Nature humaine* avant de
faire son livre *du Citoyen*, il comprenait très-bien que les principes de la politique ne pouvaient se tirer que de la nature de
l'homme. Voici ses doctrines :

« Les hommes naissent égaux. »

« Les hommes étant égaux, nul ne devant rien aux autres
« et tous ayant droit à tout, ils sont en état de guerre. »

« L'égalité de chacun mettant en danger sa propre conser-
« vation, chacun a droit de travailler à détruire l'égalité d'autrui
« à son profit; il ne s'agit que d'être le plus fort. »

« Le droit et l'utile sont donc choses identiques. »

« Les principes ci-dessus sont fondés sur *la loi de nature*. »

« La loi de nature est la *raison*. »

« La raison n'a d'autres préceptes que de conserver la paix,
« le plus grand des biens, et d'éviter la guerre, le plus grand
« des maux. »

« Pour conserver la paix qui est le plus grand des biens, la
« loi de nature veut qu'on renonce au droit que chacun a sur
« toutes choses, ce qui ne se peut qu'en transférant ce droit à
« un autre. »

« Cette cession, fût-elle forcée et arrachée même par la
« crainte de la mort, oblige celui qui l'a faite. »

« Une fois consentie, elle est irrévocable. »

« Cette cession serait néanmoins illusoire, s'il n'existait une
« force générale qui pût contraindre les particuliers à tenir ce
« qu'ils ont promis et qui maintînt la paix. »

« Celui en faveur de qui a été faite cette cession, et qui dis-
« pose de la force générale, est le *souverain* dont la volonté
« est la volonté générale. »

« Le droit que le souverain a sur les sujets, le père l'a sur
« ses enfants, le maître sur ses esclaves. »

« Le père et la mère, *en vertu de la loi de nature*, peuvent
« tuer, exposer, vendre leurs enfants. »

« Ceux qui ont recueilli les enfants exposés, ou qui les ont
« achetés, ont sur eux les mêmes droits qu'avaient le père et
« la mère. »

« Les droits du père et de la mère sur l'enfant proviennent
« de ce qu'ils l'ont engendré et nourri; les droits du maître sur
« l'esclave proviennent de la soumission, même forcée, de ce
« dernier, et du profit qu'il trouve dans l'esclavage. »

« Un maître peut dire de son esclave : CELA m'appartient. »

« L'esclave ne peut dire à l'esclave ni *tien* ni *mien*, à moins
« que le maître ne le permette. »

« Le maître disposant de l'esclave comme de chose sienne,
« le vend, l'échange, l'engage et le lègue par testament. »

« L'autorité du souverain sur ses sujets est celle du père sur
« ses enfants, du maître sur ses esclaves. »

« Comme la volonté du souverain est la volonté générale,
« il n'est point tenu à obéir aux lois; il peut les changer, les
« abolir et en faire à sa guise. »

« La puissance du souverain est celle de Dieu même. »

« La droite raison n'existant point en essence, on y supplée
« par celle du souverain, qui n'est sujet à aucun contrôle, pas
« même à celui de l'autorité ecclésiastique. »

« Dieu, de notre temps, ne parlant plus par la voix de
« quelqu'un qui soit supérieur aux rois, parle par la voix de
« ceux-ci qui sont ses *vice-gérants* sur la terre. »

« Les rois étant vice-gérants de Dieu sur la terre doivent
« imposer même par la force à la conscience de leurs sujets les
« doctrines qui conduisent à la vie éternelle. »

« Supériorité du pouvoir absolu sur la république et le gou-
« vernement mixte. »

« Objections contre le despotisme réfutées. »

« La liberté n'est qu'égalité d'obéissance. »

« Moyens de maintenir le gouvernement absolu : révoquer
« et punir les magistrats qui se rendent populaires; poursuivre
« les individus qui professent des maximes dangereuses. Parmi
« ces maximes voici les plus détestables :

« 1° On ne doit rien faire contre sa conscience. »

« 2° Le souverain est sujet aux lois. »

« 3° Le droit de souveraineté peut être partagé entre plu-
« sieurs pouvoirs. »

« 4° Chaque particulier a sa propriété distincte de celle du
« souverain. »

« 5° Le peuple est une personne distincte de celle du sou-
« verain. »

« 6° Il est permis de résister à un tyran. »

« La jeunesse doit être élevée dans l'horreur de ces maxi-
« mes. »

« Ces préliminaires une fois remplis, le souverain traitera
« le peuple avec bonté, il lui rendra justice, protégera l'agri-
« culture et le commerce, et (Hobbes parle ici sérieusement)
« il lui accordera autant de *liberté* que possible. »

Ayant appliqué ses théories à la famille, à l'ordre civil, à
l'ordre politique, Hobbes les applique aux relations des nations entre elles. « Elles doivent être également soumises à
« *la loi de nature*. » Après avoir asservi les individus, il ne pou-
rait faire moins que de rendre les nations esclaves; on sait
comme il entend la loi de nature.

La Bible n'est guère moins absolutiste que Hobbes.

Maximes de Samuel sur la royauté.

Embarras de Bossuet pour justifier ces maximes, et accorder la justice avec le despotisme.

Il assure que le pacte entre Dieu et les Juifs ne fut obligatoire que par le consentement de ceux-ci.

Il prétend aussi que les lois sont la suite d'un pacte, mais que leur validité ne dépend pas du consentement du peuple.

« Les rois ne sont pas forcés d'obéir aux lois. »

« Les peuples n'ont d'autre recours contre la violence des « mauvais rois que la patience et les prières pour leur con- « version. »

Il dit qu'on peut opposer à cette doctrine la révolte de David contre Saül, et celle des Machabées contre les rois de Syrie.

Quant à David, il répond que Dieu fait roi qui il veut; quant aux Machabées, la guerre qu'ils firent à leurs maîtres fut juste puisque Dieu l'a approuvée.

Si Bossuet fait bon marché des droits des peuples, il n'en est pas de même pour ceux du sacerdoce, qui doivent être maintenus contre *toute sorte d'entreprises.*

Les intérêts du sacerdoce étant ceux de la royauté, et réci- proquement, les prêtres et les rois doivent s'entr'aider mutuel- lement.

Ennemi de la souveraineté du sabre et de celle du droit divin, M. de Châteaubriand ne reconnaît dans l'ancienne légi- timité que l'expression de la volonté nationale primitive.

« Pour que la couronne soit légitime, il faut que la nation « la décerne. »

« La France dans ce moment n'a ni l'esprit, ni les mœurs « républicaines. »

« Si l'on eût su prendre patience en France, la royauté se « serait convertie, dans un petit nombre d'années, en une « espèce de présidence royale. »

« Au lieu de république, on pouvait faire choix d'une race
« entièrement nouvelle; mais on n'aurait pu trouver ce roi
« nouveau ni en France ni à l'étranger. »

« Le duc de Reichstadt avait aussi son beau côté; mais on
« l'aurait regardé comme le lieutenant-général de l'Autriche. »

« Reste le duc de Bordeaux; les avantages de ce choix étaient
« évidents. »

« La Vendée aurait cependant inutilement versé son sang
« pour lui rendre la couronne. L'exemple tiré du Béarnais
« n'est pas ici applicable. »

« Le duc de Bordeaux ne pouvait non plus être rétabli par
« les baïonnettes des étrangers. »

« Une autre difficulté à son rétablissement était son éduca-
« tion; mais on aurait pu l'amender. » L'auteur ne compte ce-
« pendant guère sur l'amendement de son auguste client, car
« il dit : S'il remontait sur le trône, *je serais écarté.* »

C'est surtout en sapant les droits de la branche cadette des
Bourbons que M. de Châteaubriand travaille pour le duc de
Bordeaux. Mais il reconnaît *le droit d'élection;* et la France
sait bien qu'elle a élu Louis-Philippe pour roi. Objections;
réponses.

Rousseau en remontant à l'origine de la société est remonté
à l'origine de la souveraineté du peuple.

« L'ordre social ne vient point de la nature, il est fondé
« sur des conventions. »

« Le législateur doit altérer et changer la nature humaine. »
Hobbes a aussi établi la société sur des conventions.

Les disciples de Saint-Simon, en dépit des sentiments primitifs de la nature, font l'homme social avec des conventions.

Rousseau détruit les assertions précédentes en trouvant
l'origine de l'ordre social dans la famille. *Société naturelle.*

En reconnaissant l'impossibilité des gouvernements absolument simples, il donne à conclure que le gouvernement composé de trois pouvoirs est *naturel.*

Il compare le pouvoir souverain à celui que le corps humain exerce sur ses membres.

Il y a aristocratie et monarchie dans le corps humain et dans le corps politique.

Un peuple ne peut dans la réalité politique être en même temps souverain et sujet.

LA SOUVERAINETÉ EST LA FORCE PHYSIQUE ET MORALE DU PEUPLE AGISSANT PAR SES POUVOIRS CONSTITUÉS, NATURELS ET POLITIQUES.

La souveraineté du peuple n'a son exercice complet et sa légitimité que dans la monarchie représentative.

Pour savoir quel est l'exercice complet et normal de la souveraineté, il faut d'abord savoir quelle est la fin de la société.

La fin de la société est le bien-être physique et moral de tous ceux qui la composent.

Il faut étudier la nature de chaque gouvernement pour connaître à quel degré il contribue à la fin sociale.

Effets de la souveraineté dans les gouvernements simples, dans la monarchie représentative, dans la république représentative.

Le caractère primitif des gouvernements se tire du nombre de ceux qui commandent.

Il y a démocratie où le grand nombre gouverne, aristocratie où le petit nombre, monarchie où un seul est maître.

Aucun de ces gouvernements n'a jamais existé seul et sans mélange avec un autre.

Le gouvernement simple n'est pas le plus parfait ; l'unité sociale est synthétique.

Tout gouvernement simple pèche par excès et par défaut.

Par leur réunion dans la monarchie représentative, les trois gouvernements simples perdent ce qu'ils ont de trop, et gagnent ce qu'ils ont de trop peu.

Par son contact avec l'aristocratie, la démocratie perd les passions jalouses qui sont de son essence, l'aristocratie diminue de son arrogance, et la royauté, insatiable de pouvoir, est contenue dans les bornes que lui impose l'intérèt public.

_ Plus, dans la monarchie représentative, les trois pouvoirs ont d'énergie et d'indépendance, plus les citoyens sont libres.

Le gouvernement des trois pouvoirs est avec raison nommé *représentatif.*

Il s'accommode aux diverses situations des peuples;

Il se concilie avec les libertés des plus grands empires;

Il est véritablement *république.*

Le principe d'un gouvernement simple une fois vicié, tout est perdu.

Il n'en est pas de même de l'autre gouvernement: lorsqu'un des pouvoirs fait mal ses fonctions, il est suppléé par les deux autres.

La république représentative opposée à la monarchie représentative.

Effets de la constitution des États-Unis de l'Amérique du nord.

Jugement de Franklin à ce sujet.

Le jeu des pouvoirs sociaux n'est pas seulement d'action et de réaction, mais encore d'union et de fusion; d'où naissent des intérêts généraux.

Tous ces intérêts vont des citoyens à la royauté, et de la royauté aux citoyens.

Royauté qui *règne*, royauté qui *gouverne.*

La monarchie représentative est naturelle; témoignage des anciens écrivains.

La France et l'Angleterre n'ont rien à envier à l'Amérique pour la vie sociale.

Outre la vie individuelle, la société a une vie commune.

Étude de la formation de cette vie commune.

Examen de la constitution des États-Unis d'Amérique.

Tendance de cette constitution vers la concentration des pouvoirs et la division des États.

16

Les bienfaits de la monarchie représentative en font avant tout la légitimité.

Les êtres individuels et collectifs sont soumis à deux forces; ces forces sont règles, sont *lois*.

Il y a deux sortes de lois correspondantes à ces deux forces : les lois naturelles, et les lois politiques qui doivent dériver des premières.

La loi étant *règle* et supposant la connaissance de sa fin ne peut être faite par la multitude.

La loi naturelle veut et exécute; la loi politique veut et fait exécuter.

Il ne peut y avoir loi, règle, s'il n'y a *ordre*.

Il ne peut y avoir ordre s'il n'y a ordonnateur. DIEU EXISTE.

L'ordre est ce qui mène le mieux, le plus *droit*, les êtres à leur fin.

Le *droit* est pouvoir conforme à l'ordre.

La *justice* est l'application et la distribution du droit.

Ce n'est donc pas la loi qui fait la justice, mais la justice qui fait la loi.

La loi ayant pour principe l'ordre et la volonté de l'ordonnateur suprême, est essentiellement religieuse.

La loi est du principe, des moyens et de la fin de toutes les religions.

La loi annonce Dieu en *promulguant* le droit, ce qui sert à compléter la définition de la loi : PROMULGATION DE LA RÈGLE DES ACTES SOCIAUX.

Définition de la loi d'après Cicéron et Montesquieu : les rapports que Dieu a établis entre les êtres et leur fin est la loi, la règle à laquelle ils sont soumis; elle doit servir de type aux lois humaines.

L'impossibilité où est la loi humaine de vouloir et d'exécuter en même temps a donné naissance au gouvernement; car si ce qu'un peuple peut vouloir il pouvait le faire, il n'aurait pas besoin de pouvoir exécutif.

Les notions précédentes fournissent les moyens de définir le droit de souveraineté : POUVOIR QU'A TOUT PEUPLE DE DISPOSER DE LUI-MÊME.

La loi étant volonté de tous ne peut se rapporter qu'à des objets d'une utilité générale.

Les conditions de la loi fondamentale constitutive de la société donnent lieu à plusieurs questions importantes.

La société humaine a-t-elle une forme naturelle, aussi bien que celle des castors et des abeilles?

Le pacte social est-il, de droit, fait par le peuple? est-il un privilège de roi? On ne peut répondre à cette question qu'en ayant égard aux trois états par lesquels un peuple passe, de formation, de critique et de civilisation; ce n'est que dans ce dernier état que le peuple est en droit de faire ses lois, puisque alors seulement il a pour cela les facultés requises.

De là résulte que la *majorité fait la loi*, et que plus le nombre des votes est considérable, plus la loi qui en est le résultat est présumée être l'expression des besoins généraux de la société.

De là résulte encore la nécessité d'obéir aux lois même les plus défectueuses. Sans obéissance aux lois, point de liberté possible.

Lorsque l'éducation d'un peuple sera telle que l'immense majorité des individus qui le composeront donnera sa voix avec conscience et en connaissance de cause, alors LA SOUVERAINETÉ DU PEUPLE NE SERA QUE LA SOUVERAINETÉ DE LA JUSTICE ET DE LA RAISON.

Auquel des trois pouvoirs, dans la monarchie représentative, appartient le pouvoir constituant? Ce pouvoir, qui n'est que la dictature ou le tribunat, n'appartient à aucune des fractions du peuple constitué.

Ce pouvoir est inutile dans le gouvernement représentatif, parce que le pouvoir démocratique s'y concilie avec le pouvoir monarchique, et qu'un peuple *naturellement* constitué n'a pas le droit de changer sa loi fondamentale. Objections de Rousseau. Réponses.

Un peuple a-t-il le droit de renoncer à la souveraineté et de donner au roi un pouvoir absolu? Ce droit, admis lie-t-il les générations suivantes? En prouvant tout à l'heure qu'un peuple n'a pas le droit de se faire mal à lui-même, nous avons répondu négativement à la première partie de cette question.

Notre réponse à la seconde partie de la question est également négative, puisqu'un peuple a encore moins le droit de nuire à autrui qu'à lui-même.

Les diverses générations ne sont solidaires les unes pour les autres que pour ce qui est bon et juste dans tous les temps.

Un des trois pouvoirs a-t-il le droit de résister à l'envahissement des deux autres, et réciproquement ceux-ci ont-ils le droit de résister à l'usurpation d'un seul? Aucun des trois pouvoirs de l'état n'étant indépendant des deux autres, il y a droit à ce que celui qui viole la loi constitutive soit ramené dans ses attributions.

Plus le sens moral des peuples se développe, plus ils sont libres et forts.

C'est d'après les principes précédents qu'il faut juger la révolution de 1830. *Le 7 août, la nation ayant passé du droit divin à la souveraineté du peuple*, les révolutions ne sont plus licites, parce qu'il n'est pas permis de quitter la meilleure forme de gouvernement pour une inférieure. On peut améliorer, mais non refaire.

La nation ne pouvait garder Henri V pour roi sans reconnaître le droit dynastique et divin.

L'hérédité des attributions des trois pouvoirs sociaux découle de leur nature et est la vraie *légitimité*, tandis que la légitimité dynastique remonte à l'usurpation.

L'intérêt bien entendu des souverains absolus les ramène donc au gouvernement représentatif dans lequel ils sont inviolables.

Bien que le pouvoir constituant ne se trouve dans aucun

des pouvoirs de l'état, la société n'est pour cela désarmée, et elle a le droit de recourir à des moyens extralégaux contre la rébellion flagrante. Les trois pouvoirs de l'état réunis jugeant de l'opportunité ou de l'inopportunité de ces moyens, ét condamnant ou absolvant la conduite des ministres durant ces temps exceptionnels, la royauté reste inviolable, et L'EMPIRE EST TOUJOURS A LA LOI.

Le principe sur lequel est fondé cet ouvrage est qu'*il y a un gouvernement naturel*.

Ce principe n'est qu'un corollaire de celui que nous avons établi dans notre traité de *Philosophie psycho-physiologique* : IL Y A RAPPORT ENTRE LA NÁTURE, L'HOMME ET LA SOCIÉTÉ.

NOTES.

École de M. Charles Fourier.
École de M. de la Mennais.

FIN DE LA TABLE DES MATIÈRES.

Ouvrages du Baron MASSIAS (1) *qui se trouvent chez MM.* Firmin DIDOT frères.

Rapport de la nature à l'homme et de l'homme à la nature; 4 vol. in-8°.

Théorie du beau et du sublime; 1 vol. in-8°.

Problème de l'esprit humain; 1 vol. in-8°.

Rapport de l'homme au sacerdoce, ou lettres à **M.** le baron d'Eckstein sur les révolutions et les traditions primitives; 1 vol. in-8°.

Napoléon jugé par lui-même, ses amis et ses ennemis; 1 vol. in-8°.

Maximes de la Rochefoucauld avec leurs paronymes; 1 vol. in-18.

Principes de littérature, de philosophie, de politique et de morale; 4 vol. in-18.

Lettre à **M. P. A.** Stapfer sur le système de Kant et le problème de l'esprit humain; in-8°.

Lettre à **M.** le directeur du journal *le Globe*, sur l'existence des jésuites en France; in-8°.

Lettre à **M. Ph.** Damiron, sur un article de son Essai sur l'histoire de la philosophie en France au dix-neuvième siècle; in-8°.

Influence de l'écriture sur la pensée et sur le langage, ouvrage qui a partagé le prix fondé par Volney, et décerné par l'Institut dans la séance du 24 avril 1828; in-8°.

---

(1) Nota. Nous n'avons pris que dans les besoins et les facultés de l'homme les principes de philosophie, de politique et de moralité que renferment nos divers ouvrages.

Observations sur les attaques dirigées contre le spiritualisme, par M. le docteur Broussais, dans son livre de l'Irritation et de la Folie ; in-8°.

Lettre à M. le docteur Broussais, sur sa réponse aux observations du baron Massias, relatives à son livre de l'Irritation et de la Folie ; in-8°.

Examen des fragments de M. Royer-Collard, et des principes de philosophie de l'école écossaise ; in-8°.

Lettre à M. Isaac K...st, de Berlin, sur de nouvelles objections qu'il élève contre le spiritualisme ; in-8°.

Lettre à M. de Bourienne, sur un passage de ses Mémoires relatif à la mort du duc d'Enghien ; in-8°.

Questions sur la révolution de 1830 ; in-8°.

Questions sur la peine de mort ; in-8°.

Traité de philosophie psycho-physiologique ; 1 vol. in-8°. Le conseil royal de l'Université a décidé que cet ouvrage serait placé dans toutes les bibliothèques universitaires, pour *l'instruction des maîtres.*

Aphorismes sur l'hérédité ; in-8°.

Vues sur la nouvelle organisation de la pairie ; in-8°.

Lettre sur l'hérédité ; in-8°.

Conséquences de la pairie à vie ; in-8°.

Manuel de la civilisation et des révolutions ; 1 vol. in-18.

Des opinions politiques en France ; in-8°.

De la souveraineté du peuple ; 1 vol. in-18.